愛媛教育と先人の足跡

目次

先人の足跡

はじめに

殉難者　石井　素先生

わが子の命を守るため身代わりになって亡くなった母親の例は数多くあります。しかし、教え子が危険な場面に遭遇した時、それを助けるため教師自身が自分の命を失うという例は極めてまれですが、その教師こそ石井素先生*であります。

教師に課せられた責任がいかに重いものか、また厳しいものか、石井先生は身をもって私たちに教えて下さいました。

（*旧姓上甲　西予市宇和町中川出身）

師　聖　山路一遊先生

山路一遊先生は大正時代、愛媛師範学校で校長として十年間、勤務されました。担当された教科は、学校管理法だったようですが、全ての生徒、また同僚職員から畏敬の念で慕われたという、まさに教育者の鑑のような存在でした。逝去された後、卒業生や関係者の募金で愛媛師範学校の校門のそばに、山路一遊先生の頌徳碑（師道鑚仰之碑）が建てられたのです。

「教育界の先達」というと江戸時代、庶民の教育機関であった寺子屋の教師・私塾の教師・各藩にあった藩校の教師、そして明治、大正、昭和の時代に学校教育で活躍された教師すべてが先達であり、その数は愛媛だけでも数十万人を優に超すかと思われます。

平成十一年度から私は「忘れ得ぬ人、忘れ得ぬ言葉」という題で同窓会報に寄稿し、先輩ＯＢの足跡をシリーズで紹介してきました。その会報を読まれた同期の白石千古氏からは、「ライフワークとして取り組んだらどうですか。」と言われ、又かつて同僚であった中上正美女史からは、「今の教育現場でストレスを抱えながら、あれこれと迷っていらっしゃる先生方に、偉大な先輩の生き方を紹介することが出来れば、どんなにか力を与えてくれることかと思います。このような研究がいつか一冊の書物となって、学校の図書館などに置かれることを願っています。」という内容のお手紙をもらいました。

ほかに県内外の方々からも励ましのお葉書等を、遠くは千葉県、京都の先輩からも頂きました。

定年退職から既に十余年、特に研究というようなことでもないのですが、この励ましとお勧めが後押しともなり、もう少し先輩方の足跡をまとめてみよう、と考えるようになったのです。

○明治・大正の頃の教育事情

明治新政府は、明治五年八月、学制を公布し「家ニ不学ノ人ナカラシメン事ヲ期ス」という崇高な理念を掲げ、国民皆学への道を開きました。それから百四十年、日本は世界でも有数の教育国家になりましたが、その基礎・土台は、御承知のように明治時代に築かれたのであります。

○先人の足跡

八人の先輩の中で最年長の方は明治二十年ごろから、最も若い方が昭和二十八年からの御活躍ぶりを記述しております。敬愛する先輩方が教え子や若い青年たちに注がれた熱い情熱と教育に対する確固たる信念を現職の方、また未来の後輩の方々に少しでもお伝えできれば、と思い同窓会報の原稿に書き加えたのです。

○新任教師の赴任今昔

今でこそ交通の便が良くなり、何処へでも簡単に行ける時世になりました。しかし明治から昭和の初めまで、愛媛では新任教師が任地に赴くだけでも大変なご苦労があったのです。

○三カ年のモスクワ生活

現在、海外で活躍している邦人の数は数十万人と言われます。その子女達のために現地に設けられたのが日本人学校で現在、百校以上あります。私は一九八三年から三年間、モスクワ日本人学校に勤務、その時の思い出を綴ってみました。

○国際結婚の実情

国際結婚の現実は、統計等を見る限りきわめて厳しいものがあります。でも国際結婚の後、華々しい活躍をされているよい事例があるので併せて紹介しました。

○欠席届

戦後間もないころ、山村のある母親が息子の欠席理由を学校へ届けに来た。その母親のしぐさがあまりにも丁重だったので、担任の山田先生は後年、「その行為は私個人への儀礼ではなく、教育職を専門とする者に対する信頼と敬愛の心の表れであったと、爾来（じらい）、年を重ねるうちに納得がゆき、自らを諭し戒める縁（よすが）としてきた。」と語っておられる。

家ニ不学ノ人ナカラシメン事ヲ期ス

殉難者　石井　素先生

題字：文部大臣勝田主計閣下

碑　文

君ハ大正五年本校ヲ卒業シ松山市第五尋常小學校ニ教鞭ヲ執ルコト五カ年ノ後東京府立第一商業學校ニ奉職ス昭和三年八月一日同校山岳部ヲ率ヰテ槍ヶ嶽ニ登攀ノ途次一生徒ノ誤ツテ梓川ニ墜落スルヤ之レヲ救ハントシテ敢然身ヲ激流ニ投シ遂ニ不測ノ厄ニ會ウ享年三十三君カ至仁ノ勇ニ感激スル者相諮ツテ彫塑家朝倉文夫氏ニ嘱シ像ヲ校庭ニ建テテ君ノ懿徳ヲ永ク後昆ニ傳フ

昭和四年十一月吉浣

愛媛縣師範學校
愛媛同窓會

（石井素先生については71頁以降詳述）

師聖　山路一遊先生

山路一遊先生は昭和七年八月十九日に逝去された（享年七十五歳）。先生の訃報が伝わるや、県内外にいる卒業生はみな慟哭したという。

そして直ちに「山路会」を結成し、先生の顕彰のために奔走、関係者の総意で「師道鑚仰之碑」*を建立する事に決定する。碑は昭和十二年十一月二十二日、愛媛県師範学校校門のそばに建てられた。

*碑は戦後、愛大教育学部の中庭に移転

碑文

「人ノ師タル者ハ須ク　巌毅ニシテ寛仁達識ニシテ清高ナルヘシ　毫モ鄙吝陋劣ノ心志アルヘカラス　然シテ子弟ヲ教フルニ性ニ随ヒ材ニ應シテ　各其ノ徳器ヲ成就セシメンコトヲ要ス是先師山路一遊先生カ躬ヲ以テ垂訓シ給ヘルトコロ我等先師ヲ鑚仰スル者宜シク斯道ヲ繼紹シテ教学ノ興隆ニ努メサルヘカラス　茲ニ勒シテ以テ人ノ師タル者ノ戒メトナス」

名文と言われるこの碑文は、山路一遊先生を生涯の師と敬慕する林伝次先生の撰文、書は織田源九郎先生、碑の企画立案は藤谷庸夫先生であります。

山路一遊先生頌徳碑
師道鑚仰之碑

師道鑽仰之碑（左端）と愛媛師範学校本館（昭和20年７月26日戦災で焼失）

碑文の概要

人の師として力を尽くし守るべき道

「人を教える立場にあるものは、厳正であり、しかも、心が広く思いやりがあり、広い学識を持ち、心が清らかで優れた人格を持たねばならない。

そして、子どもを教える場合、それぞれの性格に沿い、才能に応じて、一人一人の持つ人格や才能を充分に伸ばさなければならない。このことは前代の賢人である山路一遊先生が身をもって示して下さった教えである。

私ども前代の賢人、山路一遊先生の学徳を尊ぶ者は、この教えを受け継ぎ、学校教育の発展に努めなければならない。そのことをここに刻んで、人を教え導く者の戒めとする。」

（同窓会報百五号より）

山路一遊先生の略歴

安政五年　松山藩士の山路一審、あやの長男として南堀端一番地に生まれる。

元治元年（七歳）藩校、明教館で漢学を学ぶ。

明治三年（十三歳）松山藩立洋典科に選抜入学し、英語・洋算を原書で学ぶ。
明治五年（十五歳）石鉄県立算数科に入り、代数・幾何・和算を学ぶ。
明治八年（十八歳）大阪英語学校に入学
明治十二年　東京師範学校（東京高等師範の前身）中学師範学科に入学
明治十七年四月五日（二十七歳）同校を首席で卒業
四月九日　文部省勤務
明治二十二年十月より
香川県尋常師範学校校長十二年間
滋賀県師範学校長十一年間　歴任
大正十二年三月　同校退任
大正二年　愛媛県師範学校校長に就任
昭和七年八月十九日　逝去七十五歳

山路一遊校長の教育方針

山路校長が掲げた教育目標は、日本人はとかく島国根性*に陥りやすいから何事にも腰をすえ、利害にとらわれず、広く見識を養わねばならぬ、というものであった。それで当時の知識注入主義の風潮を戒め、そのような教育のやり方では模倣の上手な人物となっても、創造性豊かな人物とはならないという、人間教育の本質をついたものであった。

具体的な指導としては、学問は人格完成のために欠くべからざるものとして、全校生徒に日記を書かせて山路校長自ら朱筆で感想を書き込むなど、個性の伸長に意を用いられた。

＊『島国根性』　現在では死語に近い言葉。昭和二十年代ころまではよく耳にした言葉で辞典には「島国に住む国民にありがちな、視野がせまく独善的・閉鎖的でこせこせした性質をさげすんでいう語」と出ている。

山路先生の思い出

次に山路先生の教え子たちと後輩の教官が書かれた「山路先生の思い出」を御紹介します。

たった一人の卒業式

大正十一年六月　愛媛師範一部卒業　**山本　亀**

「私は最終学年である四年生の一学期試験終了後から病気になり、二学期も全部休んでしまった。それで一年間休学だと思っていた。ところが十二月下旬、山路校長先生の旨を受けた主任の林伝次先生から、『よくなったら冬休みに松山に来て校医に診てもらえ。その結果が良ければ、三学期は学校に出て来て授業を受けよ。』という思いがけないお手紙をいただいた。

校医の診察はパスした。二学期は教育実習だけだったので、実習だけ学校に残れば卒業できる措置をとって下さったのである。

六月十八日実習は終わった。校長室に呼ばれて、卒業証書と免許状を渡されるのだろうと思っていた。

ところが翌十九日、私一人のために講堂で多数の先生方ご臨席のうえ卒業式を行い、山路先生から卒業証書と免許状を授与されたのである。…中略…鈍磨な私に、これが教育者の精神であり、教育の真髄であることと事実を通して体得させ、また人間としてあるべき道を自覚させてもらったのである。」

＊山路先生は卒業後、「ひとり一人をおろそかにしない教育」を心がけ、校長になって後も、「一人の生命の尊厳を重視する学校経営」に心を傾け通されたのである。

山路先生の追憶

大正九年三月　愛媛師範一部卒業　**忽那（くつな）　和市**

平成十六年二月十日発行の「原点」という同人誌に赤松宜子女史が「父の遺したもの」と題して随筆を書いておられる。その随筆にはお父様の日記が紹介されていて、その中に「山路先生の追憶」が綴ってある。

お父様のお名前は、忽那和市氏である。

五月五日　土曜日　曇
「五月鯉幟の節句なり。舊三月十五日にして郷里の鹿島祭りなり。故郷を慕ふに耐えず。」これが複写された日誌の最後のページであるが、もう一篇「山路先生の追憶」という随想が添えられていた。
「山路先生の御霊にお別れする法要に寄せて（昭和四十九年十月三十日、於・常信寺）」の前書きがあって、その中には、日誌にまつわる思い出が綴られている。
「学生は全寮制度による寄宿舎生活＊であった。私たちは、生活日記を毛筆で克明に書いて提出するのであるが、先生は一字一画修正され、よいところには赤い点が打たれ、どうかと思われるところには傍線が引かれ、批評を朱書して下さる。検印の代わりには花押が描かれている。厳しいうちに期待の持たれる反省日記であった。」

父は「欧州思想の影響による世相混乱の時代に『恕』による指導を戴いた鴻恩は忘れ得ない。」と、古風な言葉で結んでいる。

＊忽那先生が師範に入学して寄宿舎生活を始めたころ、山路校長が寄宿舎に来られて忽那少年に「家を離れて寂しくはないか」と聞かれ、そのあと『石鹸の使い方』について丁寧に教えていただいた、と家族の方に語っておられたそうです。忽那先生は師範を卒業後、大学進学のため上京、その後県立高校の国語教師としてご活躍、内子高校の校長もされています。

山路一遊校長の薫陶を得る

大正十二年三月　愛媛師範二部卒業　**森岡　數榮**

「私が師範に入学して一番嬉しかったことは、我が国でも屈指の大教育家、山路一遊先生の薫陶を直接受けることが出来た事です。

先生は教育の重点を徳育に置かれ、人格の完成に力を入れられているように思いました。学科は学校管理法でしたが、先生の講義のところどころに教育に対する信念としての教育観が滲み出ておりました。

先生は私たち生徒の品性を育てる一方法として、一日の行動を反省させ、かつ精神を落ち着かせるために毎日毛筆で日記を罫紙二枚に書かされたのです。これには相当時間を要するのでぶつぶつ言う友もいました。私もその一人であったかもしれません。しかし、後で考えてみると、人格形成のうえで非常に役に立ったように思います。

先生が愛媛の教育界に残された業績は、計り知れないものがありました。山路先生に接することにより、独学で干からびた私の心に潤いが出来たようにさえ感じました。」

＊森岡先生は山路先生の最後の教え子でした。

わが人生の師—山路一遊先生

愛媛師範学校教官　林　伝次

「私が教員として愛媛県師範学校に赴任したのが大正五年三月末、山路先生が愛媛師範の校長になられたのが大正二年だから、その四年目にあたるわけである。それから大正十二年三月ご退官まではもちろんのこと、昭和七年八月ご逝去のときまで、実に十七年の長きにわたって、鋳化薫陶（ちゅうかくんとう）をうけたのである。

教育者としての心構え、公人としての生き方、その他人生百般について、あるいは明らさまに、あるいは隠約（いんやく）の間に諭され教えられたことは、数限りなく多い。

今までにも、「右にすべきか、左にすべきか」と自分で決しかねた時など、「山路先生ならこの場合どうなさったであろう」と考え直すことによって、心の決まった事も一再ではない。

山路先生は私にとってまさに人生の師とも申すべき方であって、長からぬ人の世にあって、人生の師として終生仰ぐべき方にめぐり合うことの出来たのは、私の至幸至福と言わなければならない。」

＊林先生は「わが教え子、わがすべて」という実践記録を「愛媛教育」に掲載。以後、愛媛・東京の視学官、愛媛県師範学校長、埼玉大学教育学部長を歴任し、人材育成に大きな成果をあげられたのである。

明治・大正の頃の教育事情

中村熊治郎先生は、少年時代の回想で「明治二十一年、満六歳の私は二つ三つ年上の人と一緒に入学したので大勢の学級になった。」と語っておられる。なぜ年上の人も一緒に入学したのか。その辺の事情と明治時代の小学校の状況、そして明治のころ卒業された方々の回想記、それと明治九年から多くの教員を養成した愛媛師範学校の沿革等について始めに記しておきます。

明治新政府は三つの制度改革、すなわち学校制度・徴兵制度・租税制度の改革を強力に推し進めた。

明治五年学制が公布され政府は「必ス邑（村）ニ不学ノ戸（家）ナク　家ニ不学ノ人ナカラシメン事ヲ期ス」と崇高な理念を掲げ、国民皆学への道を開いた。

しかし当時、全国の多くの村では財政難から小学校をつくる余裕はなく、明治五年から八年にかけて古い民家、寺院、神社等を学校として発足させた。だが一般大衆は、政府の考えとは裏腹に、教育に関する意識が極めて低く、地方では明治二十年代まで学校へ行く子どもは少なかったという。特に女の子には教育など不要という考えがあって、女子の就学率はとても低かった。愛媛県史の明治初年創立小学校一覧によると学校別生徒数の覧に男の数が一〇、二〇とあるのに女の数はゼロ、ゼロとなっている。ゼロでないところでは一桁（けた）の数が多い。また進学した子どもでも授業料を納めなくてはならないので、中途退学は珍しくなかった。

それが明治二十年代に入り、徐々に教育の重要性が一般の人にも認識され始め、明治政府は小学校教育を義務教育とし修業年限を四年とした。そのような社会情勢の中で、ようやく多くの村に小学校が建てられるようになり、それを契機に就学率も上がってきた。

しかし義務教育と言いながら罰則規定はなく、明治三十年代に入っても貧困家庭の子どもの中には学校に行けない子がいた。就学率が百パーセント近くになったのは明治の終わりごろと言われる。明治四十一年からは義務教育が六年になる。

松山市の旧中島町に津和地（つわじ）という戸数三百ほどの島がある。江戸時代、ここは瀬戸内海通航の要路で松山藩唯一の公儀接待所が置かれていた。

津和地は明治二十二年までは津和地村で、平成元年に出版された神和三島誌（神和村（じんわむら）の三つの島の記録書）の中に津和地村の明治時代における学校教育について次のように書かれている。

義務教育の始まり

『……子女の教育は明治新政府の学制令によるもので、明治六年より始まった。津和地村では洞源寺の住職を教師としてお寺の本堂において始められた。

当初は修業年限も一、二年の短期間で、学習科目は読み書きだけであった。明治二十年に校名も津和地簡易小学校と改められ、修業年限は三年となった。

校舎は明治十二年、村の中央にあったお茶屋跡へ平屋建て一棟（四間×五間）を新築したのが最初である。児童の就学状況は下記の通りである。

年次	男	女	計	就学率
明治六年	四七	四	五一	不詳
明治二〇年	六四	一八	八二	四一％
明治二六年	五七	二四	八一	四〇％

また、これとは別に津和地小学校の沿革誌により児童の就学数と卒業者数を見ると次のように出ている。

年次	在籍児童		入学者		半途退学者		卒業者	
	男	女	男	女	男	女	男	女
明治二二年	五三	二〇	八	八	一一	五	五	〇
明治二三年	五九	三四	一〇	四	七	二〇	一三	二
明治二四年	五三	二八	一四	一	一	四	九	三
明治二五年	六一	二六	一五	五	七	七	〇	〇
明治二六年	五七	二四	一二	三	五	三	二	一

右の表は修業年限四年の義務制になった以後のものである。せっかく入学したものの半途退学者の多いのに驚く。特に女子にあっては、五年間を通じて卒業者は六名である。こうした惨めな結果の原因はどこにあったのであろうか。その一つは父兄の教育に対する

認識不足かもしれない。また、もう一つは生活に追われ子どもの手まで借りなければならなかった貧しさにあったとも考えられる。……』

明治二十六年、当時の文部省は女子の就学率があまりに低いので小学校の教科に裁縫を設けて女子の就学を促した。不就学児童が多いのは全国的な傾向だった。

明治時代に小学校を卒業された方々の回想記

伊予市中山町佐礼谷（されだに）小学校の百周年記念誌「母校百年史」から三人の方の寄稿文を御紹介します。

私の小学校時代――とぼしもり簡易小学校

明治二十三年卒業　**船田　団蔵**

私は、右の小学校を三年で卒業しました。所在地は、村中の岡崎商店の倉庫の裏でした。

入学は任意で、就学年齢も今よりずっと遅く、生徒も初めは少数でしたが次第に多くなりました。

教科は、習字、作文、読書の三科目。先生は、城戸三夫先生お一人でした。

校舎は、いたって狭く粗末なもので、窓には四角の「たる木」を打ちつけて出入りを防ぎ、内側に障子を入れて明かりをとる程度、玄関は板戸で内側に履物を置くようになっていました。

冬期は雪降りが多く、素足に近い状態で登校するのですから、手足のこごえを教室の片隅にある大きな「いろり」（火を燃やす所）で温めてから、授業に移ったものでした。嬉しかった事は、弁当に水餅を焼いてもらった時のおいしかった事、今なお、夢にまで見るくらい忘れられません。

私は、小学校を卒業してから、村役場に勤めました。税金の令書を書いたり、書面の控えをしたりの仕事で勉強をしました。本筋の勉強をしていないのが今に残念です。

その後、小学校は、校舎移転の問題でいろいろありました結果、今の坪之内に移ったのです。

私の子ども時代は、今の子どもたちには想像もつかないくらい貧しいものでしたが、懐かしい思い出として今も強く残っています。

明治三十八年度卒業　**泉　ツ子ヨ**

私も八十五歳を過ぎ、四、五年前より記憶も乏しくなり、詳しい投稿の出来ない事を前もってお詫びします。

佐礼谷村には本校と分校があり、本校は村中にあり、分校は平岡地区にありました。私は平岡の分校に通学いたしました。一年の時は、平岡地区の影浦さん方の、うしろの山手の一室の小さな校舎でした。二年からは沖田さん宅の、うしろの校舎に移って行きました。

先生が泊まっていた部屋は、教室の戸の向こう側の小さな部屋でした。

机は二人共同で並んで座り、机は二列で、中央を先生がやっと通れるほどでした。一年生の時は、男子の先生でしたが名前は知りませんでした。二年生からは四年の卒業まで大谷リョウという女の先生で、年齢は五十歳くらいであったかと記憶しております。

学校のこと

私は、越木地区でしたので、分校のある平岡地区の人達と一緒に勉強しました。通学路は約二キロ近くあり、その半分位はせまい山道で峰まで登り、今度は降りて行きました。生徒数は四年間を通じて大体十四、五人でした。授業科目は、修身、読み方、算術、習字、作文、ソロバン、書き取りなどでした。毎日一時間目には、必ず修身*を教わったと思っています。

筆記具は、今のようなノートは無くて石板と紙石板で石筆を使い、書いては消し、消しては書きで、長く使うことが出来ました。習字は草紙でしたので幾度も幾度も書くので、白いところが無くなるまで使用したものです。お清書だけは白い半紙を使いました。試験の時は、先生に連れられて本校へ行き、本校の生徒と一緒に行いました。内容は口頭試問と筆記試験でした。

義務制であったのか、無かったのかは知りませんが、学校へ行かなかった人もあったようでした。

年齢も一定してなく、年を取った人もいましたし、落第して五年間行った人もありました。

＊小豆島にある「二十四の瞳」の学校には、明治の頃の時間割表が教室に掲げてある。その時間割を見ると毎日一時間目が修身になっている

八十歳にて若返り（要約）

明治四十一年度卒業　**下岡靏之助**

明治三十六年、ぼくらの入学当時、学校は村中という地区にありました。入学した頃は、尋常四年と補習科がありました。補習科生は十人足らずでした。尋常科が四年から六年に延び、その六年を卒業したのは、ぼくらが初めてで、村中の校舎での最後の卒業生です。

先生は五人で、女の先生が一人おられました。五学年と六学年は一つの教室で、先生も一人でした。

朝、整列し出席をとり、先生のおいでを待ち、礼をして席に着きます。日露戦争の頃でしたので、先生の気性も時間厳守も厳格でした。

生徒は和服で、手作りのぞうり（足中）を履いて学校へ行きました。先生たちは、はかまに羽織で学校の近くの部屋を借り、自炊をされていました。

ある朝、先生が、はかまをはかずに来られ、ぼくらに、「おい、はかま取って来てくれ。」と言われ、宿舎に行きますと、布団はあげてあり、はかまは寝押しをして置いてありました。常に酒の好きな先生でしたが、その行いには感心致しました。

国語の時間の時、一人が立って本を読み、終われば次の子を指すのに女の子を指しました。その女の子が読み終わると、あてた子を指しました。次にその子が、また、その女の子を指したので大笑いでした。

尋常五年の時、言葉遣いを良くする様にと「誰それ君」「ぼく」と言うように決められました。

小学生の頃を思い出して、この文章を書き、わたしも若返りました。

○　○　○　○　○

松山市の旧中島町に怒和島（ぬわじま）という島がある。この怒和島の出身で、大正七年に愛媛女子師範を卒業した原田重代（旧姓中田）さんは、大正九年から十六年間、怒和小学校に勤務。その原田先生が母校の百周年を記念して発刊された「怒和小学校百年の歩み」に次のような回顧録を寄せられている。

○　○　○　○　○

母校に奉職して

原田　重代

創立百周年　卒業生の皆さん、おめでとうございます。私は退職して四十年余、七十七歳になりました。故郷を離れ松山に居住して十三年。静かにまぶたを閉じると自分の教員時代がこの間のように浮かんで参ります。怒和小学校には十六年間勤めました。

当時は教育に対する理解が非常に低く、親は忙しいからと言って、子どもを休ませて子守や手伝いをさせていたのです。だから出席率は郡内で最下位に近く、そのため生徒の成績も悪いので、幼い妹や弟達を連れて登校してもよい事にしたところ、まるで学校が保育所のような状態になった時代もありました。

生徒の成績を何とかして向上しようと、各学年別とクラス毎の成績を棒グラフにして出し、生徒の競争心をあおったりしました。

懇談会には母親が幼い子どもを連れて来るので、教師との話しなどろくに出来ない有様でした。

宿題を出してもやってくる生徒は少なく、一年生でも教師の言う事は聞かず、特に女の先生を軽視していました。教室で席順を決めても着席せず、先生は学習に入るより、先ず言う事を聞かすのに苦労しました。だから鬼の先生にならざるを得なかったのです。「耳はないのか。」と叱ったら「耳は二つある。」と言い返した子が今では立派に成功しておられる事を風の便りに聞き、心なごむ思いがします。……

小学校の規模

明治二十年ごろまでは、小さな集落が村であり、従って小学校は一般に小規模校から出発した。それも教員不足や財政事情の関係もあって複式授業（二つの学年の児童を一人の教師が受け持つ）や複々式授業（三つ以上の学年を一人の教師が受け持つ）は、ごくあたり前で複式授業でも子どもが二十人以上、一つの教室にいるのは珍しくなかった。本書の「先人の足跡」の項に紹介している中村熊治郎先生は、十七年間の教員経験の中で、ほとんど複式学級を持っておられた。退職される最後の年（大正八年度）は、三年、四年、五年、六年の四つの学年を一つの教室の中で教える複々式学級を担任した経験者でもあった。なお市町村の合併が進むにつれて中規模、大規模の学校が増えてきた。

市町村合併の推移

〈明治の大合併〉明治二十一年から二十三年にかけて全国で七万一千ほどあった市町村（多くが村）が一万五千ほどになった。

〈昭和の大合併〉昭和二十八年から三十六年にかけて約一万あった市町村が三千四百ほどになった。

〈平成の大合併〉平成十一年より三千二百ほどの市町村を三分の一くらいにするのが政府の目安という。平成二十二年三月末で、全国の市町村数は千七百二十七。

○合併の事例（行政区画の移り変わり）

　愛媛では明治十八年に百七十四町と九百九十九村あったのが明治の大合併で一市十二町二百八十四村となった。

　前述の津和地について。ここは明治二十二年まで津和地村と言っていた。明治二十三年からは、近くの二神島・怒和島と津和地島の三つの島が合併して神和村となり、昭和三十四年から中島本島と合併して中島町、平成十八年から中島町は松山市と合併した。

愛媛県師範学校の沿革

　愛媛県師範学校は、新しい時代の要求に即応する教員を養成するために作られた。

明治九年九月、松山市二番町に新校舎落成・開校。

入学は高等科の卒業生、修業年限四年

明治二十三年十一月、松山市木屋町一丁目に移転

明治四十一年四月より本科第二部を設立し旧制中学校の卒業生受け入れ開始、修業年限一年。本科第一部は高等科から入った者。

明治四十三年四月、女子部を分離し、温泉郡三津浜町（松山市）に愛媛県女子師範学校を設置した。

　昭和の初め、本科一部の修業年限を五年、二部を二年に延長、さらに十数年後、一部は六年、二部は三年に、更に戦後の学制改革で愛媛大学の教育学部となる。

明治時代から師範学校に講習科がおかれたのは、代用教員等をしていた人が正教員の資格を得るため。

教員不足時代

小学校の教員不足は、明治の初めから昭和三十年代まで、実に九十年以上も続いた。

明治二十八年、夏目漱石が愛媛県立伊予尋常中学校（後の松山中学）に赴任した時、県内の上級学校は、松山に旧制の中学校二校と女学校が二校、それと師範学校のわずか五校しかなかった。明治三十年代に入り、松山以外の地域に少しずつ旧制の中学校が増えはじめ明治の終わりから大正時代にかけて県内各地に実業学校や女学校が増えていった。

明治のころの小学校教員は、僧侶・神官・牧師・医師・士族等が多かったという。しかし教員が足りないので郡ごとに短期間の教員養成所をつくり、増やしていった。それでもまだ足りないので上級学校を出た人を代用教員（補助教員）として採用し、その人達が大きな役割を果たした。代用教員の数は、野口学著『昭和前期初等教育の実相とその考察』によると昭和

全国の小学校教員数、男女別・資格別数

年度	教員総数			女子教員の比率（%）	資格・職名		
	計	男	女		訓導 正教員	准訓導 准教員	補助教員 代用教員
大正4	162,992	117,182	45,810	28.1	125,087	15,629	22,276
9	185,348	125,050	60,298	32.5	142,010	16,639	26,699
14	209,894	140,531	69,363	33.0	168,718	15,192	25,984
昭和5	234,799	159,589	75,210	32.0	208,262	8,801	17,736
10	257,691	176,959	80,732	31.3	229,570	5,494	22,627
15	287,368	172,608	114,760	39.3	241,875	7,695	37,398
20	310,281	141,878	168,403	54.3			

二年三月の時点で愛媛県小学校教員総数四千百二十人のうち六百七十五人が代用教員で、特に南予地域では代用教員の数が教員総数の三分の一を占めたという。

大正四年から昭和二十年までの小学校教員、男女別・資格別の全国推移は前ページのようになっている。大正四年の全国教員総数が十六万余、昭和二十年の全国教員総数は三十一万余で約二倍、このことから三十年間に児童数がものすごく増加した事がうかがえる。

明治新政府は議会制度や教育制度を整えつつ殖産興業・富国強兵を合言葉に近代化への道を歩み始めた。国策として「産めよふやせよ」のスローガンのもと一家に兄弟姉妹が五、六人いるのは普通であり、十人以上の兄弟姉妹も珍しくはなかった。

教員の男女比は、大正から昭和十年代までは男性教員の数が多かった。しかし昭和二十年前後からは女性教員の数が男性教員の数を上回るようになった。

明治の小学校令と就学率等

○明治四年に文部省が創設され、翌明治五年八月に新しい「学制」が発布された。かつての身分別の学校を廃し、身分にかかわらない学校をつくる、という明治政府の国民皆学の表れであった。

○明治五年に学制が発布されたが、政府の統制と指導のもとに小学校教育が始まるまでは、読み書きソロバンが教育の主流であった。

○明治六年　小学生の数は、男子八十八万人・女子三十万人で、就学率は男子四〇パーセント弱・女子一五パーセントであった。

○明治十九年　最初に出された小学校令では一学級の児童数を尋常小学校で八十人、高等小学校で六十人以下と規定。町村役場などを利用した小学校簡易科の設置も認めた。

○最低三カ年とされていた尋常小学校の修業年限を四年に統一したのは明治十九年の小学校令から。さらに、この期間を初めて義務教育年限と明記した。

○明治二十二年　大日本帝国憲法（明治憲法）公布

○明治二十三年に公布された小学校令に初めてその目的が明記された。

○「小学校ハ児童身体ノ発達ニ留意シテ道徳教育及ビ国民教育ノ基礎並ビニ其ノ生活ニ必須ナル普通ノ知

識技能ヲ授クルヲ以テ本旨トス」

○小学校の授業料は、地方財政が窮乏化するにつれ高くなる一方であった。しかし、明治二十九年から国庫補助が出るようになり、授業料も安定、就学率は明治二十八年の六一パーセントから明治三十八年には九六パーセントになった。

○義務教育費（授業料）は明治三十三年（一九〇〇年）から無償になる。

○高等小学校は、二年制・三年制・四年制があったが、明治三十三年の改訂小学校令で、二年制が尋常小学校に併置を奨励されるようになって急増するようになる。以後、「〇〇尋常高等小学校」という名称の小学校が多くなった。戦時中の昭和十六年から数年間は尋常高等小学校が国民学校という名称になる。

○日清戦争（明治二十七―二十八年）

○日露戦争（明治三十七―三十八年）

先人の足跡

先人の足跡

中村熊治郎先生

熱血教師として、また篤農家として活躍した九十三年の足跡

はじめに

中村熊治郎先生は、家業を継ぐため十七年勤めた小学校教員を大正九年三月末退職（三十八歳校長職）。

その後、模範農家（篤農家）として活躍、昭和六年、愛媛県内農家の情報誌である農会時報（月三回発行）に「硬筆の走るにまかせて」と題して執筆開始、時報が廃刊になるまで五百有余回、連続で書き続け、当時、農家の人達に大きな影響を与えた。

その一部を御紹介します。

偉い人よりは捨て石たれ

偉い人になれ、とは家庭でも学校でもよく聞かされる言葉である。先生や親のいう偉い人とは、いかなる人を目指して言うのか。

世間一般の「偉い人」とは、大臣か博士か大富豪か。また今頃の人なら俸給を沢山取る人をいうのか、俺には全く見当が立たん。

多くの人の犠牲となり、黙々として埋もれ木となるをいとわず、礎石（土台石）となるも平然としている人がいる。このような人物があってこそ国家社会は成立する。俺は数千人の児童を教え、我が子八人を導き、数限りなき青年と接したが、偉い人になれ、とは一言半句も言った記憶はない。

俺は普通の人のいう偉い人にはなってほしくないのだ。俺は偉い人になれ、の代わりに「太い人になれ」と言うのだ。縁の下の力持ちになっても、踏み台となっても、捨て石になっても、泰然自若として働くことの出来る「太い人になれ」と言いたいのだ。

偉い人として表面化した人よりも、もっと偉い人が裏面にいてこそ、国も社会も発展する。

不言実行と有言実行

有言不実行主義が流行して、実行の出来ないような事を、口角泡を飛ばす人が多かったせいか最近、不言実行の人が増えたことは心強く嬉しい。

不言実行、黙々実行は実によい事であるが、実は前もってお断りしておかねばならぬ事は、指導の任に当たる人である。こればかりは有言実行でいかなくてはならぬ。己の実行せんとする事は筆に書き、口で堂々と発表できるだけの修養がなくては人を指導することは出来ない。指導の地位にある者は、行うことは口で言え、筆にもじゅうぶん書く腕を要する。口・腕・筆の三拍子の修養を欠いてはならない。口で言いまわして感動させ、筆に書きあらわして感激さす。これが出来ないでは真の指導者にはなれない。

人の和

人は十人十色で、進歩的な人もあり、保守的な人もいる。建設的な人があるかと思うと破壊主義の人もいる。この多種多様な人が集まって融和して一つの社会を形作っているから、みんなを一つの枠の中に収めようとしても、なかなかやってゆけない。国の政治などの困難さも思いやられる。

反対せんがための反対などは、見ていてもいやになる。いかに利口者、知識衆をぬいた人でも、独り立ちでは決して効は奏しない。

天の時は地の利に如かず、地の利は人の和に如かず、である。特に今の政治、最大多数の最大権利は、全て善なりで、多数をもって成否を決する。

事を成すものは、天の時より地の利よりも人の和が大切である。しかし主義や方針、その他、心の動きが顔の異なるように違っているものが、一致協力してゆくのであるから、ある部分には犠牲者は出るものである。議会の困難さが伺える。

皆勝手気ままなことを言っては治まらない。そこで多数決が起こる。

勝つことを知って、負けることを知らねば、災いその身に及ぶ、とある。たいていの人は、勝つことを喜び、負けることを喜ばない。

清濁合わせ飲む大海の心というか、事をなさんとする者よ、旗色鮮明、好き嫌いの心を明らかにする者は、大勢の人を集める事は出来ない。おのれの主義主張は断じて曲げないでは、人はついて来ない。負けて勝て。負けておる人を弱しと思うなよ、忍ぶ心の強き故なり。勝てるところを負けてやって、相手に花を持たすくらいの雅量あってこそ事は成る。

権力を持って集めた集合体、権力衰えればすぐ破れる。和によって集めた集合体はなかなか破れない。家でも村でも国でも、一番大切なのは人の和である。

中村翁の幼少年時代

中村翁は、明治十四年（一八八一年）十二月十六日、東宇和郡山田村（西予市宇和町山田）で父啓次郎と母ナミの長男として誕生。生まれつき身体が弱く、特に胃腸が痛み風邪にもかかりやすく薬瓶を持っては医者に行くのが日課のようになっていた。

病弱のせいか発育がおくれ、小柄で気は小さく友達や年下の子にさえ泣かされては家に帰るので、母親から「泣かずにお帰り」と、よく叱られたという。明治二十一年にになって、山田村にもようやく新しい小学校の校舎が出来た。満六歳の中村翁は、それまで小学校へ行ってなかった、二つから三つ年上の人といっしょに山田尋常小学校*に入学したので大勢の学級になった。

中村翁の胃腸はいっこうに良くならず、学校で大勢の友達を見渡しては、自分のように腹の痛い人がほかにもいるのだろうか、としばしば思った。四年間の学校生活で同級生といっても、年が二つから三つ上のお兄さん、お姉さんが多かったので、その人達にたいへん可愛がってもらった。四年後の明治二十五年四月二十五日の卒業式では、中村翁の成績は優等であった。

多くの卒業生の中で卯之町の高等小学校（高等科四年制）へ進学したのは、二人だけだった。その二人は高等科から宇和島中学（宇和島東高校）に進学。その後二人とも渡米して共に成功したという。

中村翁は十歳で小学校を卒業した後、塾などで漢籍を学びながら農業や家事の手伝いをしていた。その後、青年会の一員になり、例年、旧正月の十五日に開演する春芝居に勧められ出演するようになった。芝居は旧歌舞伎で、本物の役者を大阪から雇ってきては二週間ほどけいこをした。最初の主役は「妹背山おみわ」であったが、出し物が大好評で近村より見物に来る人が千人を超えたという。中村翁は四年続けて出演した。

最後の年、雇った大阪の役者が、中村翁と従弟の虎之助を上方（大阪）へ連れてかえって役者にしたい、と言うので、そのことを両親に相談したらお目玉を頂戴したという。

＊中村翁が入学した山田尋常小学校は、明治八年、民家を借りて発足した。山田尋常小学校は、後に隣村の笠置尋常高等小学校と合併して石城尋常高等小学校となり、場所を石城盆地の中心に移し現在に至っている。

小学校准教員養成所に入所

中村翁は明治三十三年（一九〇〇年）、十八歳のとき、教員不足解消のため作られた東宇和郡尋常小学校准教員養成所（六カ月）に入所した。入所を許可された者三十名、多くが高等小学校卒で四年制の尋常小学校卒で入学したのは、中村翁を含むわずか三名であった。履修科目は、修身・国語・算術・歴史・地理・図画・唱歌・体操の八科目であった。中村翁がこれらの科目の中で苦手としたのは数学だった。それで当時、高等科へ通っていた翁の妹によく教えてもらったという。その妹も後に師範学校を出て教師になっている。

中村翁は、准教員の免許状を明治三十四年四月二十日の日付で当時の愛媛県知事名でもらっている。明治三十四年度は、家庭の事情等で教職につくのを一年延期してもらった。

ワラジを履いて小学校に赴任

中村翁は、明治三十五年（一九〇二年）五月二十二日の日付で辞令を受け取り、東宇和郡窪野尋常小学校（西予市城川町、現在は土居小学校に統合）に准訓導として赴任することとなった。当時の道は、幅がとても狭く、でこぼこ道で幾つかの峠越えをして歩いて行った。そのときの様子を中村翁は次のように語っておられる。

「窪野といえば山田から東へ約四十キロ、土佐との境である。今なら二時間足らずで行くことのできる道である。野村の町までは一度行ったことがある。それより東は全く知らざるところ。

朝早くワラジを履き、弁当を腰につけて家を出た。永長、卯之町、明間を通り野村の町まで来た。ここからは道を尋ねつつ行くので、なかなか進まない。峠を二つも越えて夕方ようやく土居の町に着いた。朝、家を出てから昼食もせず腹がぺこぺこになっているので、茶店に寄り腰をかけ、弁当を出していただく。

茶店のおばさんに　礼を言って立ち上がったときは、まわりが薄暗くなっていた。

窪野へ行く道は、土佐街道となって今まで通った道よりはよくなった。家は点々とあるが学校はなかなか見えない。ようやく学校に着いたとき、校長先生の家では、夕食を終えられたところであった。

校長先生は、あっさりした人で安心した。子どもさんが三人、皆それぞれ行儀良く挨拶された。校長先生から聞けば、奥さんが亡くなられて、まだ日が浅いとのこと。それで自分のところではお世話が出来かねるので、近くのお寺に宿をお願いしている。明日ご案内します、ということで、その晩は校長の家でお世話になった。」

翌日、学校へ行き新任式を終えた。教員数は二人で校長が三、四年の受け持ち、中村翁が一、二年担当の複式学級であった。

中村翁は窪野小学校を一年で退職した。理由は准教員の資格をもつ者が、師範の講習科で一年学べば、正教員になれるということを友人から聞いたので、すぐに師範学校へ入学願いを出し、許可されたので松山へ行くことにした。

師範学校（講習科）時代

中村翁は明治三十六年（一九〇三年）四月、師範に入るため宇和から松山に向けて出発した。当時のこと交通手段はなく、歩いて鳥坂峠を越え、大洲街道を通って中山町（伊予市）で一泊、翌朝、佐礼谷村の犬寄峠を越え、約百キロの道のり、家を出てから一日半がかりで松山に着いた。

師範の講習科に入学を許可された者六十名、そのうち妻帯者が三十四名いた。中村翁は乙組でこのとき年齢が二十一歳、講習生は全員、傘屋町の公認下宿に入った。県下各地からの集まりなので、初めは耳なれぬ言葉が多かったが、次第になれてきた。

中村翁は入学後も、月に一回くらいは胃腸を患い、風邪には度々かかり、更に脚気にかかって二カ月ほど自宅療養をした。それで一時は落第を覚悟していたという。

冷水浴四十八年継続の秘話

ある日、当時の佐野川校長が男子部と女子部全員を講堂に集め、冷水浴とその効果についての講演を行った。講演の要旨は次のようなものであった。

「小学校の教師になろうとする者は、元気はつらつと育ちゆく児童を相手の職である以上、健康の上にも健康を必要とする。私は若いころ、常に胃腸を病み弱体であった。あるとき冷水浴の必要を教えられ、これを実行し始めて、めきめき健康体に変わり、それから風邪ひとつ引かず、胃腸の病は全く忘れてしまい、この健康な身体となった。」

その後、冷水浴の方法について詳細な説明があった。

中村翁は、この講演を聞いて、自分と同じように胃腸を病んでいた人が冷水浴によって健康体になった、というのだから感謝感激、自分も冷水浴を一生続けようと決心した。この事について中村翁は、次のように書いておられる。

「校長講話の翌朝から生徒全員（男子）、水をかぶらない者はない。本科生も講習科生も早く起きねば順番が来ない。押すな押すなの大繁盛。そのうち夏が過ぎ秋風がたち、地上に霜がおり、雪がちらつく頃、井戸端に立つのは自分ひとりになった。

ある日の朝、井戸端に「寒い寒いというこの朝に、水をかぶるような馬鹿もいる。」と書いた紙片を見つけた。なるほど、自分は馬鹿であるか、そう見られても無理はない。人の見える所では目障りであろう、と考えた。どこか人目のつかない所をと探し、北予中学（現松山北高）の前方に泉があり、そこは相当広い水たまりがあったので、そこで続けた。冷水浴はその後四十八年間、七十歳まで続け、その後は冷水マサツにかえ、最近は乾布マサツにしている。冷水浴を始めてからは、よく病んでいた腹痛などは無くなり、全くの健康体となり、以後七十年近く医者のお世話にならなかった。」

中村翁が師範に入って苦労したのは、やはり数学だった。一学期の数学の評価は、美・良・佳・未・不の五段階で真ん中の佳であった。夏休み前、中村翁は数学の担任で受け持ちでもある高橋先生に呼ばれ、職員室で次のようなことを言われた。

「君は他の教科はよく出来るのに、数学だけが出来ない。やる気があるのか。この算術の問題集を貸すから、夏休み中は、この本のみやってみよ。」

先生のこの言葉で中村翁は、たいへん感激、夏休みの間これに集中してやろうと意を決した。准教員養成所時代から数学を苦手にしていた中村翁は、自分の家に帰ってからは、来る日も来る日も問題集と首っ引きで取り組み、休みが終わる頃には、問題集を完全にマスターした。

夏休みも終り学校へ帰ってきて、中村翁は、拝借した本と新しく買い求めた新本と二冊の本を手にして、高橋先生のところへ行った。お礼を言った後、貸してもらった本は手あかで汚れましたので、この本はいただきます、と言って高橋先生に新本を返したのです。

二学期になり、中村翁にとっては憂うつな数学の授業が一変して楽しい時間となり苦手な数学を得意科目とし、やがて「数学の中村」と評せられるようになった。

山田尋常小学校訓導時代

中村翁は師範の講習科で一年間学んだ後、明治三十七年四月二十二日の日付で辞令を受け取り、郷里の山田尋常小学校に正教員として勤めることになった。教員は二人、八代校長が三、四年、中村翁が一、二年を受け持つ複式学級で、クラスの人数は二十四人ほどであった。四年を卒業した児童で進学する者は、隣村（笠置村（かさぎむら））の高等科へ行った。

明治四十一年度（一九〇八年）から義務教育が六年となり、女の岡田先生が着任、教員数が三人となった。この年の八月、中村翁は、狩江村渡江（西予市明浜町）の山口イチと結婚した。

中村翁の指導方法

中村翁が取り組んだ指導法は、次の時間に学ぶところを前もって子どもに知らせておき、子どもは次の学習範囲でわからないところをノートに書いてくることを約束させた。授業時間になると、まずわからないところを順番に、みんなの前で発表させ、それを黒板に整理しておき、今度はそれが分かっている児童に説明をさせる。すなわち児童どうしで質疑応答をする、というやり方をした。多くの児童が理解できないところは、教師指導で進め、また児童間のやりとりで説明が不十分な場合は、補足説明をした。ほとんどの教科をこの方法で指導し、児童ひとり一人に授業への目的意識をもって参加させたので、成績がとても向上したという。

明治の終わりから大正時代にかけて、近村の学校どうしでの授業研究、また東宇和郡の教員研究大会が発足している。

青年団の結成

山田村には山田と西山田の二つの集落があり、若者はそれぞれ自分の集落の青年会に所属していた。青年会といっても特にこれといった活動はしていなかった。それで中村翁が松山から地元に帰ったのを機会に、山田と西山田の二つの青年会を一つの青年団に組織しようということになった。

発起人の中心となったのは、中村翁と笠置小学校教員で西山田在住の菅野竹三だった。当時はまだ郡内に青年団らしきものはなく、県庁に問い合わすと、県下で青年団の組織が一つだけ出来ているという知らせがあり、そこの団則を送ってもらい、それをモデルとして山田村青年団の団則案ができた。

青年団の総会で団則の決定、役員選挙で団長菅野竹三、副団長土居数馬、幹事長（会計責任者）中村熊治郎、幹事（集金係）八名を選んだ。

青年団の活動内容と活動費

総会（懇親会）・研修会（講師は近隣の小学校長、時には有名な方を遠方から呼ぶ）・村有林の下刈り作業・資金集め等。

会計責任者となった中村翁は、会計面でとても苦労した。青年団活動費として村役場から出してもらった十五円を団員との話し合いのうえ運営基金として銀行預金にした。その後は毎年、村にいくばくかのお金を予算化してもらった。また村の世帯主全員には賛助会員になっていただき月に二銭、団員には月一銭の会費を徴収する案を総会に提出、異議なしで決定した。初めの頃は団員の数より、賛助会員のほうが多かったという。このようにして明治の終わりごろから、次第に町村ごとに青年団が組織され、更に郡、県の青年団組織にと発展していった。なお青年団の結成と育成には、明治の終わりから大正、昭和の初めにかけて、小学校の教員が大きな役割を果たした。

嘉喜尾尋常小学校長時代

中村翁は、大正七年四月、三十六歳の時、土居村の嘉喜尾尋常小学校（現在、魚成小学校に統合）の訓導兼校長に任命された。その頃にはバスが走っていたので中村翁は、卯之町のバス乗り場からバスで赴任した。

嘉喜尾小学校の教員は三名、全部総代わりで三人とも新任であった。女の先生は近くの遊子川小学校から転任の一色訓導（松山市出身）、そして元牧師の渡辺訓導が松山から来た。受け持ちは一色訓導が一、二年と裁縫・音楽の担当、渡辺訓導が三、四年、中村校長が五、六年で三クラスとも複式学級であった。

前校長から中村校長への引継ぎの内容

学校の地域内で、学校と関係の多い有志の名前、学校に不満があると怒鳴りこんでくる人、青年の中で特に気をつけねばならぬ者二名、注意を要する児童二名の詳細な説明を受けた。

問題の青年の一人は、この地区の大資産家の息子であったが、父親を亡くしてから、遊蕩に身を持ちくずし、金銭を湯水のごとく消費、今は鉄道作業員の仕事をしているが、時々こちらに帰って学校へ遊びに来る。もう一人は、学校の近くの資産家の二番目の息子で、彼のおじいさんの資産を全部もらって分家することになっていたが、坂石の芸者に迷い、家からは勘当、青年団からは除名され、今では日雇い労働で暮らしている。寂しさのあまり学校へよく遊びに来る。

六年生の問題児二人は、教師の言うことを聞かないで反抗ばかりする。集落の人が野良へ仕事に出るのを邪魔したりする。学校へその事を話しに来られても、先生の言うことなど屁とも思わない。学校の敷地には、種々の果樹が秋には実る。それが熟さないうちに他の子ども達にけしかけ、叩き落としてしまうとのこと。

中村翁は、五、六年の児童を前にして授業を始めた。児童はみな緊張気味である。前校長から問題児として引継ぎを受けた六年の二人、ともに体格がよく授業の間、注意深く見つめ態度も上々、答弁も要領をえて群を抜く。算術の時間になると納得するまで質問し、本を読ませても明瞭、何事も聞きもらさぬ態度であった。この二人が不良児童とは。前校長は、この二人に根負けしていたのであろう。悪く言えば前校長は、彼らを指導する腕が無かったのではないか、と中村翁は思った。Nという児童、この児童に命じておけば、他の児童の取り締まりは自由自在、その年の果樹は熟するまで手をつけずに終わり、他の規則も彼に言っておけば児童はみな従ったという。前の老校長にとっては不良児童でも、中村翁にとっては、頼もしい優良児童であった。秋に開催された郡の東部地区九校による連合競争（陸上競技大会）では、この二人の大活躍で児童数の少ない嘉喜尾小学校が優勝した。

不良青年の指導

要注意人物と言われた青年の二人のうち、鉄道作業員をしていた青年は間もなく鉄道事故で死んだ。もう一人の青年は、前校長が言ったとおり、学校へよく遊びに来た。学校へ来るのも無理ないこと。家へは勘当されて寄りつけぬ、青年団には除名されて遊ぶ友はなく、地区の人からは不良として色眼鏡で見られ、働くにも毎日は雇ってくれず、学校へ話に行くのが唯一の楽しみであった。

若い校長が来たので、これ幸いと授業が終わった放課後とか、休みの日にはよく来た。前校長の引継ぎを守れば、相手にせず、放っておくべきであった。

しかし、中村翁は「虎穴に入らずんば虎子を得ず」という諺を思い出し、この青年の魂を入れ替えるためには、親しく交わってやろう、という気持ちになった。

夕方遅くなると、夕食を一緒に食べ、共に酒を飲むなどして帰す。いろんな話をして意見がましい事を言っても、よく聴く。また義理がたく、馳走になると次に来るときは、礼を持って来たりした。このように親しく付き合って二、三カ月すると、青年の口から自分の悪かった事をざんげするようになった。中村翁は次第に期待が膨らんできた。いつしか次のような事を耳にするようになった。「今度、来た若い校長さんは、神様みたいな人で、悪い淵に沈んでいた自分を救い出し、真人間にしてくれた。」中村翁は、この言葉を聞いて感激した。

翁は青年団の会合に出向いて、問題の青年について、最近の彼の行動状況を説明し、自分が責任を持つから青年団に復帰させてほしい、とお願いした。その結果、青年は除名を取り消され、次回より出席を許可された。

それ以後、その青年は青年団のために、いつも先頭に立って活動したという。

彼を勘当していたおじいさんも涙を流して、先生のおかげで孫が立ち直った、こんな嬉しい事はない、と中村翁の所へお礼に来た。それでは勘当を許してもらえるか、と翁が言うと、もちろんのこと、と言って二人は喜びあった。

青年団の雄弁大会

中村翁は、娯楽も少ないこの田舎に住む若者のために、何か楽しめるものはないか、とずっと考えていた。青年たちと相談した結果、雄弁大会がよかろう、ということになり、それを始めることにした。集落が岩本、吉の沢、本村、杭と四つあるので、各集落とも月に一回雄弁大会をする。岩本で開催するときは、岩本の青年が主になって話す。他の集落の青年は出席自由で、有志として出演したい者には、出演を許可した。校長には全集落に出席し最後に講演する、と定めた。学校には月一回、全青年が集まり、総会と雄弁大会を開いた。学校での出演者は前もって希望者のみと決めていた。

集落ごとの雄弁大会は大成功であった。当番になった所は、その集落の老人も子どもも全部集まって、世帯主や主婦の中からも出演者があり、終わりに校長となる。

初めのころは、青年の話の内容が幼稚で聞きづらかった。しかし、「習うより慣れろ」で立派な話が出来るようになり、他村の青年団の所まで遠征するようになった。人の集まりに出たこともないお年寄りが、雄弁大会が始まって月一回の楽しみが出来たというので、みんな大喜びだったという。

中村翁と青年たちの関わりについて

中村翁は、嘉喜尾地区の青年団長に推された。中村翁は小学生の教育に力を注ぐと同時に、社会教育（勤労青年の指導）にも熱心に取り組んだ。当時、働く青少年のために実業補習学校が設置され、中村翁はその学校の教員も兼ねていた。

実業補習学校の多くは小学校に付設され、教員や設備も小学校に依存していた。中村翁は、嘉喜尾地区の青年団長兼指導教員として青年団員の指導に汗水を流した。

渡辺訓導（元牧師）が突然辞職

嘉喜尾地区の氏神様、春日神社の秋祭りの後、四月に赴任したばかりの渡辺訓導が急に辞職すると言い出した。事の起こりは春日神社大祭のとき、教員三人が全児童を引率、みんな神社の拝殿に上がった。しかし渡辺訓導だけは神社の鳥居の所にいて、境内の中に入らなかった。式後、子どもたちはその場で解散。教師三人は学校に帰り、話し合いをもった。

中村校長が、

「渡辺先生、あなたの受け持ちの子どもが拝殿に上がっているのに、あなたは鳥居のそばでじっとしている。どうしてですか。」と聞くと、

「私は、宗旨が違うから入らないのです。」

「宗旨が違っても、常に子どもたちのそばにいるのが、教師の役目ではないですか。親たちもいるのですよ…。」

このようなやりとりが続いたが、話はかみ合わず、突然、渡辺先生は学校をやめる、と言い出した。

中村校長は強く慰留したが、聞き入れてもらえず、渡辺先生は、翌日、退職願いを書いて松山へ帰ってしまった。それで中村翁は、自分のクラス（五、六年）と渡辺訓導のクラス（三、四年）を一緒に面倒を見ることになった。郡の役所に、渡辺訓導の後任をお願いしたが、代わりの先生はいないと言う返事だった。それで考えた末、青年団員として活動し、しかも向学心に燃えている区長の二男、中城藤吉を代用教員として採用してもらった。彼は土居小学校の高等科の卒業生であった。彼は翌年、代用教員をやめ、師範に進学し卒業後、正教員として活躍した。

渡辺訓導の後日談

元牧師の渡辺訓導が退職してから何年か後、雨の降るある日のこと、合羽姿の男の人が、山田の中村翁の実家を訪れた。

「中村先生のお家はこちらですか。」という声で、中村翁が出ると、その人は

「私は、前に嘉喜尾の小学校でお世話になった渡辺でございます。この度、この地方に用務があって出張

しましたので、ちょっとお礼に寄りました。」

中村翁はびっくり、

「まぁ上がって今夜は一泊していただき、久しぶりに語り合いましょう。」と言ったが、渡辺牧師は、

「急な用事を持っておりますので……。ただ私はあのとき、後先の事を考えずに急に退職して、校長先生にたいへんご迷惑をおかけしました。もう少し先生の下で働かせて頂いたら私はもっと修養ができたのに、と残念に思っています。」

「私こそ失礼なことを言って済みませんでした。」

「それでは先を急ぎますので。」こう言って、渡辺牧師は立ち去った。このときの感想を中村翁は次のように語っておられる。

「けんか別れのような形で退職された先生が、わざわざご挨拶にこられた。宗教家は本当に偉い。前とは全く人物が変わっている。人には三日会わざれば目をすりて見よ、というが修養を続けている人は、三日どころか、朝夕で変わる。我も学校を退職してから何年も経つが、きょうの我の百姓姿は、渡辺先生の目には何と映っただろうか。」

友澤真静和尚の急死と人事の話

新任校長として嘉喜尾に来て、中村翁が親しく交わったのは嘉喜尾の集落を檀家にもつ善願寺の友澤和尚であった。友澤和尚は職業上、何でも知っているので地域を知る上でとても役に立ったという。ある時は仏教の話、又ある時は地域の歴史なども話してもらうので、すぐに肝胆相照らす仲となった。しかし、翁が着任した翌年の一月、その友澤和尚が急な患いで亡くなった。中村翁の悲しみ落胆ぶりは大変なものだった。

友澤和尚が他界してまもなく、魚成の寺の住職をしている村上重光和尚が中筋小学校の能仁校長を伴って中村翁の所へ話にやって来た。能仁校長は僧侶の資格を持った人だったのである。村上和尚は、

「善願寺の友澤和尚が亡くなって、嘉喜尾地区の人はたいへん困っている。それで後任の和尚に来年度、能仁先生を学校長と兼務させたいので、了解してほしい。」という内容だった。中村翁は、

「能仁校長は、前に校長として仕えた方、村上君とは以前、准教員養成所でともに学んだ間柄、お二人の申し出はよく理解出来るし、また地域の人にも喜んで

もらえると思うので私は結構です。」と言った。

友澤和尚の四十九日の法事の式には、村上和尚と能仁校長も出席。その式後、地区の寺総代から次のような話が出た。

「友澤和尚さんが、急な病で亡くなられた。それでこれからどうしたらいいか、魚成の村上和尚さんと話し合った結果、僧籍を持っておられる能仁校長さんに来ていただき、学校長として勤務してもらう、という段取りになっています。この事については、すでに中村校長さんの了解を得ております。それで今日お集まりの檀家の皆さんのご承認を得たいので、ご相談をお願いします。」

寺総代のこの言葉に、地区の大立者、竜の口の酒造家、中城孫太郎氏が次のような発言をした。

「私は、この件には反対である。和尚さんが必要な時は、お願いすれば何処からでも来てもらえる。しかし、校長の中村先生のような方はいない。私は大反対である。」

この鶴の一声で、その場が火の消えたようになり、誰も賛成する人はなく、話し合いは終わった。そのとき中村翁は、地域の人が自分を信頼し、愛してもらっている事に深く感動した。しかし、三月末、僧の資格を持つ校長が、嘉喜尾小学校に来ることになり、中村翁は、隣村の坂石尋常小学校へ転任の辞令を受け取った。中村校長がわずか一年で嘉喜尾小学校を離れることを知った人達は、たいへん残念がり、大勢の人との涙の別れとなった。

坂石尋常小学校長時代

大正八年（一九一九年）四月、中村翁は、四キロほどの県道（現・国道一九七号線）を嘉喜尾から坂石まで歩いて行った。そのとき嘉喜尾の青年団も見送るために全員歩いて、坂石まで行った。

当時、坂石は近くを流れる肱川を利用した水上交通の要衝であった。学校の下に高丸港という港があって、一日に何度も川船の出入りがあり、その船で下流の大洲、長浜の町まで沢山の物資を運んでいた。またイカダ流しで上流の木材を下流へと送っていた。

その頃の坂石地区は浄瑠璃が盛んで、青年たちも皆上手に浄瑠璃を語り、中村翁もここで浄瑠璃の手ほどきを受けた。

坂石小学校の教員数は二人で、若い女先生が一、二年の複式学級と音楽、裁縫の担当、中村校長は三、四、五、六年の複々式学級を担当した。人数は少ないが一つの教室に四つの学年の子どもがいるので、中村翁はてんてこ舞いの忙しさであった。

放課後、子どもたちが帰ったあと、時々女先生が中村翁に数学を教えてほしい、と言ってきた。その女先生は頭がよく、教えたことはすぐ理解した。だがその女先生は夏休みの終わりごろ、進学したいと言って、突然学校を辞職した。その後、女先生とは音信不通で所在が全く分からなかった、という。

女先生が学校をやめて困ったのは中村校長であった。二学期になって中村翁は一年から六年までの学年を受け持った。郡役所の視学に、後釜の先生をお願いしたが「見つからない」という返事だった。その頃、学校へ時々遊びに来ていた近くの旅館の娘で、予子林小学校の高等科を出ている佐藤みいさん、という女の子がいた。それで彼女の両親に事情を説明して、みいさんに代用教員として学校に来てもらい、年度末まで勤務してもらった。

三十八歳で退職の決断、農家を継ぐ

二学期の終わりが近づいたとき、中村翁の父親から次のような手紙がきた。

「おまえも知っての通り、八年もの間、我が家に住み込みで実直に働いてもらっている藤山さんは、貯えも出来たので、来年から自分の里へ帰って独立して農業をやりたい、と言われる。それで今年限りで帰られることになった。

わしは身体も弱いし、年もとったので農業は出来そうにもない。おまえが学校をやめて家にかえるか、または田畑を他人に小作していただくか、どちらかにしたい。返事をくれ。」

中村翁はこの日のあることは、覚悟していた。翁の頭のなかには、いつも次のような意識がめぐっていた。

○我は農家の長男なり。

○親に心配をかけず、常に安心して暮らしていただきたい。

この二つが中村翁のもつ信条であったので、決断はすぐに出来た。チョークを鍬に持ちかえ、両親に安心してもらい、祖先伝来の田畑を受け継ぐことこそ生きがいなり、と。

辞職を決意し、そのことを関係機関に報告すると、横林村の村長、郡役所の視学の二人からは強い慰留の言葉をかけられた。

村長の言葉

「視学にお願いして、来年はあなたに、ぜひ予子林の本校の方へ来てもらって活躍してもらいたい、と思っていた。予子林の青年たちも乗り気になっている。今一度考え直してもらえまいか、頼む。」翁は

「有難い言葉ですが、親には三月末で辞職すると返事を出しました。親も安心して喜んでおりますので、お許し願いたいのです。」

視学との対話

視学「来年度から臨時手当が年俸に加算され、君の月給は九〇円になる。農業をやって、毎月九〇円の収入が得られるか。」

翁「私は、お金には代えられぬ事があるのです。親を安心させることと、家には子どもが今六人います。私が家で働くことによって、自分の子どもたちにも勤労精神を養いたいのです。それで辞職させて頂きたいのです。」

視学「それなら仕方がない。」

と言って、視学*は翁の退職願いを受け取った。

退職の辞令は次のような形式だった。

> 愛媛県東宇和郡坂石尋常小学校訓導兼校長
>
> 中村　熊治郎
>
> 小学校令施行規則第百二十六条第一項二号前段により退職を命ず
>
> 大正九年三月三十一日
>
> 愛媛県

＊『視学』　現在の教育委員会には視学という役職はない。視学というのは、指導主事と管理主事の両方の役目を持っていた、と思われる。

以上のような理由で中村翁は三十八歳で退職、その後は農村の指導者、篤農家としての道を歩むこと

になる。

中村翁の退職を喜んだのは、両親はもとより、村や郡の農業関係の人達だった。山田村の人達は、中村翁が学校を退職して帰って来るというので、村の農会長*という責任あるポストを空けて待っていたのである。

翁が自宅に帰ってから二、三日して、坂石*から送った荷物が届いた、という知らせがあった。中村翁は農民姿で、大八車を引き、卯之町まで荷物を取りに行った。荷物を自分の家に持って帰った翁の姿を見た両親は、もう立派なお百姓さんに見える、と言って喜んだという。この両親が十年後、二人とも同じ日に病で亡くなるとは、翁は知るよしもなかった。

*中村翁が赴任した坂石地区は、昭和三十年代に鹿野川ダムができた関係で、百二十戸の家は新しい道路のそばに移った。

*農会とは当時、農業を営む人達の組織で、上は全国組織まである。村農会、郡農会、県農会、帝国農会がある。

中村翁の退職後の年譜

大正九年（一九二〇年・三十八歳）山田村の村農会長となる。南予の篤農家大会で意見発表する。

大正十一年（四十歳）山田盆地悪水路浚渫事業を農会の事業として実施していたが、翌年より隣村の笠置村と合同で実施する。

大正十三年（四十二歳）畜牛改良組合創立、組合長となる。養蚕組合結成、組合長となる。

昭和二年（四十五歳）県下各地の農会、青年団、婦人会等の要請で講演に行くようになる。生涯における講演回数は千回を超える。

昭和四年九月十八日　父と母が同じ日に病で死去

昭和六年（四十九歳）県農会の旬刊機関紙、農会時報に「硬筆の走るにまかせて」と題して執筆開始。十数年、廃刊まで五百有余回、連続で書き続けた。

昭和七年（五十歳）富民協会理事長より精農家として表彰を受ける。この前後から視察者、実習生らが中村家に多くつめかける。県外からの視察者も増えてきた。

昭和十五年（五十八歳）広島放送局から「体験を語る」を国内放送する。帝国農会より農業経営調査の貢献により表彰を受ける。

昭和二十一年（六十四歳）第一回公選、石城(いわき)村の村長に当選、混乱の村政を治め、米麦の供出適正化に努力する。二年後辞職。

昭和二十五年三月二十日（六十八歳）昭和天皇の地方巡幸に際し、宇和島の宿泊所で「農民魂」と題して約二十分御進講申し上げる。

昭和三十五年（七十八歳）老人会の人たちと早起き会をつくり、神社等に参拝。妻イチ病気になり介護に専念するも翌年、数え年七八歳で永眠。

昭和四十六年（八十九歳）つまずいて肋骨三本折り、宇和病院に入院、全快。娘婿、山上次郎氏の勧めもあり、自叙伝「九十年の回顧」を執筆開始、翌年印刷。

昭和四十八年十月十四日　永眠　享年九十三歳

中村翁への感謝の言葉

中村翁の著書「九十年の回顧」の末尾に、中村翁への感謝の念を綴った十人の方の寄稿文が載せてある。その中から四人の方の文を紹介させていただく。

これら感謝の文は、時を越え今なお私に熱い感動と共感を呼び起こすのである。

父は私の心の灯台

（三女）山上　松根

私の父は、昼は重労働のため、夜は疲れはてて、毎晩ペンを持ったままノートに伏して、寝ていても眼をさますと、また何か書いていました。仕事も無駄のない計画を立て、六人の女の子と二人の男の子を元気に育て、旧制中学や高等女学校へ進学させてくれました。家計の苦しい時もあったと思いますが、子どもの前では少しも口に出さず、いつも笑顔を浮かべていました。中村の家は百姓が大きいのに、働く人は少なく父はたいへん苦労していました。よく言う猫の手も借りたい有り様でした。私が女学校へ行き始めた頃、父について畑へ行っても私は、遊んでばかりでお手伝いはしませんでした。あるとき日が暮れて、お寺の鐘がゴーンと鳴り始めると、父は、松ちゃんもう帰ろうか、と言ったので、父の方を見ると、裸で働いていた父の背中は汗まみれで、顔は泥だらけでした。

私はその姿を見て、遊んでばかりすみません、と父に詫びました。私はそれから父について行っては、麦畑や桑畑の中耕など、親子並んで働きました。父はいつも何かを話してくれました。このような田畑の中の労働の時間が、この上ない社会勉強の場でした。

父は働くだけでなく、一緒に蛍狩りや夕涼み、伝道集会などへも連れて行ってくれました。父と取り合った手を大きく振って、共に歌を歌いながら歩いたことが、今では懐かしく美しい思い出です。

特に有難いことは、私が山上家へ嫁ぐときのことです。なにぶん四十年近い昔のこと、嫁ぎ先が南予の果てから東予の果てへ行くのですし、当時の山上家は、二ヘクタールからの大きな百姓で、百姓するならそんなに遠くへ行かなくとも、という考えがあって、親類の人はみんな反対でした。そういう中を父は、山上は将来ある篤農青年だからと言って、私の希望を許してくれたのです。そして父は、里のことなど一切忘れて、山上家のために特に山上のお父さんは、奥様が亡くなって寂しいのだから大切に仕えねばならぬ、と。そのとき父の眼には大粒の涙が光っていました。やはり不安があったのでしょう。

山上家の父は、中村の父と違った面で偉い人でしたが、家風も習慣も中村家とは大きく違っていました。結婚した若いころ母のない義理の弟が二人いましたが、やがて戦争が始まり主人をはじめ皆出征して、働き手は、老いた父と私だけになり、そのうえ小さい女の子が四人もいたのです。当時はまだ耕運機のような便利なものはなく、何をするのも手作業で広い田畑を守っていくのは大変でした。それを乗り越えることが出来たのは、今思えば父母の有言無言の教えの賜物と思います。

「到来するものすべて善なり」と教えられ
生きこしわれやよき父持てり　松根

（歌人・四国中央市土居町）

父母の思い出

（四女）**河野　安永**

私が河野家に嫁いで三十五年、一日たりとも欠かさず書いた三十五冊の日記をめくりながら過ぎし日々を思いだし、今日の幸せは父母のお陰だと有難さで一杯です。

父の思い出を書く前に、今は亡き母親がいかに節約家であったかを、私が年を重ねるたびに身にしみて思いだされます。母は子ども八人を養いながら百姓の方も手伝っていました。私が里にいた頃は、篤農家として、我が家に大勢の見学人が来られ母の苦労は大変でした。夜も昼も骨身を粉にして働いた母を今も思い出します。昼は野良で働き、夜は蚕からの絹糸をつむぎ、自分で糸をとり、それを織って着物に仕立て、六人の娘に着せてくれました。

タンスの中の染めかえの着物を見るたびに、母の事を思いだし、感謝の念で一杯です。働く楽しさは、父の教えと母の実践によって養われたように思います。

父の言葉「人間は鏡と同じようなものだ。自分から笑えば鏡の中の自分も笑い、怒れば鏡の中の自分の顔が鬼のようになる。人も同じで自分からよくすれば、世の中には悪人はいない。他人を良くするも悪くするも、自分の心次第だ」が、いつも思い出されて、反省させられる事が度々です。

私の生ある限り、この父の教えを守り、幸せな一生を送りたいと念じます。

不自由な右手かばいて左手に
　書けるよろこび生きるよろこび　安永

（歌人　西予市宇和町）

恩師　中村　熊治郎先生

中平周三郎

中村先生は、私が尋常六年の四月、校長先生として嘉喜尾校へ来られた。それまでの校長先生はお年寄りだったのに、若い上に人一倍情熱的な先生だったので、何か学校の空気が一変したように思った。毎朝、朝会のあと校長先生が先頭に立たれて、全校児童が運動場を十回くらい走った。お陰で秋の九校連合競争（陸上競技）には、佐伯常珍君と私をはじめ、みんなが活躍して優勝旗を取った。百人に足りない学校が、大きな学校を負かしたのだから、校長先生が喜んで記念写真を撮ってもらった。

我々も先生になついたが、青年教育にもご熱心であったので、青年たちも大変なついていた。現に私の義兄など自分の子に、先生のお名前と同じ熊治郎と名付けたほどだった。しかもそれは、中村先生が去られてから十年も経ってのことであった。

私は卒業して魚成の高等科へ行った。印象深い先生として、子ども心にも忘れられないまま、お便りもせず二十年が過ぎた。私は師範を卒業して教員になっていたが、昭和十三年に石城小学校へ教頭として赴任した。しかも先生のお家の隣に住むことになり、再び先生の教えを受けることになった。当時、先生は六十歳に近かったと思うが、堂々たる篤農家として名の通った存在であった。四十歳頃までは教員として名を馳せ、退いては篤農家として農に精通しておられる先生に接して、昔の腕白小僧は、名実共に先生の前に頭が上がらなかった。と言うよりむしろ敬服してしまった。

農の尊さ、勤労の意義、農法などいろいろなものを、私は日常生活を通じて学ばせてもらった。

先生は畑仕事に行くとき、たいていリヤカーを引いて行かれる。道具の外に、敬ちゃん、忠雄君、伴ちゃんを乗せ、いかにも楽しそうにニコニコしながら行かれた。ある日、桑畑を耕しておられたが、「おお、もう今日はいいぞ、帰って遊べ、手伝ってくれて早くできた。」と言って子どもさん達を家に帰された。私はその後、十幾年校長をしたが、先生から学んだ教育観・勤労観が私の教育の根底をなしたことを誇りとしている。

昔の腕白小僧も六十七歳になり、先生は九十二になられた。今はもっぱら健康増進について村の人達を指導していらっしゃる。思うに、中村先生のような人が、明治・大正・昭和の骨組みを支えた人の一人なのであ

陸上競技優勝（左より）中村校長、中平周三郎君、佐伯常珍君

ろう。まことに、不肖の弟子で申し訳ないのであるが、何とかあやかりたいと思う次第である。

（元校長、歌人）

中村翁の娘婿、故・山上次郎氏は中村翁について「農禅一致の境地」と題して、次のように語っておられる。

九十二年（中村翁の年齢）と言えば、あと八年で一世紀である。恐ろしく長い年月である。この間の日本は明治・大正・昭和にわたり、明治維新から興隆、敗戦、再建とめまぐるしく変わっていった時代である。そういう栄枯盛衰、変転無情を呼吸した九十年は、実に貴重なものと言わねばならない。

中村熊治郎氏は、この九十年の歴史を、農業と教育を通して一筋に生き抜いてきた人である。

いまその回顧録を読み、かつて農会時報に書いて、当時の農民に大きな影響を与えた「硬筆の走るにまかせて」をひも解くとき、私は、これこそ零細日本農民の生きた証人という感じを受けた。……

……中村氏の言葉の中に、大切なことがもう一つある。それは「今」という認識である。昨日もない、明日もない、あるのは「今」あるのみだ。「今」を完全に果たせば、結局は常に完全であるわけだ。「今」の連続が過去、未来につながる。「今」に向かって猛進せよ、ということは徹底した現実主義で、しかも永遠の生命を持つものといえよう。これも宗教的な考え方である。

私は青年のころ、中村氏の講演を聞く機会にめぐまれた。その後、自宅から宇和町まで約二百キロの道を自転車で、視察に行ったものである。それ以来師事して四十年になるが、教えられるところが極めて多く、かつ大であった。ここで特筆したいことは、その日常生活である。氏にしても時には面白からぬこと、迷惑をかけられたことも少なくはなかったであろうが、氏はいつ、如何なるときでも温顔微笑をもって接し、一度として不機嫌な顔、怒った姿を見せないということである。「到来するものは、すべて善なり」と氏は常に言っていた。このような人が本当の仁者、さらには聖者と言うのではないかと思われる。

（歌人・作家・元県議会議員、四国中央市土居町）

中村翁を偲んで

上甲　修

中村翁は、明治から大正時代にかけて十七年の教員歴がある。翁は熱血教師として現在の教育界に求められる理想の教師像と言える。大正時代に青年ひとり一人の発言力を養成し、それを集会の場で発表させるという、まさに時代を先取りした教育の実践であった。

翁は明治・大正・昭和にかけて数多くの人材を育てられた。「人を育てる」ということは、徳が高く豊かな見識があって初めて可能となる。また、翁は教員退職の後、名高い篤農家として農業経営のあり方に関する講演を県下一円、各地の農業団体、青年団、婦人会等から依頼され、その回数は千回をゆうに超えた。

翁は「まわりの人を良くするも悪くするも自分の心次第」また「到来するものはすべて善なり」という人生哲学の持ち主であった。これは儒教の開祖、孔子の思想に通じるものであり、聖人君子の域に到達された方だと思う。

翁は昭和四十八年の秋、九十三年の生涯を終えられた。まさにその人生は、全ての人に愛と情熱をそそがれた一生でありました。

（追記）

平成十年ごろ旧友の竹本静夫君（エッセイスト）の家にお邪魔した時、竹本君が本棚から一冊の本を取り出して「わしのじいさんも学校の先生をしておったのよ」と言って、私にその本を渡したのです。

それは竹本君の祖父、中村熊治郎先生が書かれた「九十年の回顧」という著書でした。

その本をちょっと読んでみると、明治大正の頃の学校の様子がよく見えてくるのです。これは貴重な本だ、と思い私は、それを借りて家に帰り、じっくり読ませてもらいました。その後、竹本君と二人で四国中央市の土居町に行き、熊治郎先生の娘婿である山上次郎先生と奥様の松根女史にお目にかかり、親しくお話を伺いました。

先人の足跡

森岡　數榮先生

独学で教師を目指した百九年の足跡

はじめに

森岡先生は、昭和五十八年、数えの八十八歳の時、町主催の敬老会が終わった時、次のような事を話された。

「私はきょう敬老会に招かれ、米寿の記念品をいただいたとき、はじめて自分が高齢の老人になっているのに気がつきました。」と。

森岡數榮（かずえ）先生は、明治二十八年（一八九五年）十一月二十二日、伊予郡佐礼谷（されだに）村（伊予市中山町）で誕生。百歳を過ぎても、毎年お盆とお正月には西東京市にいる息子さんの修一さん（大妻女子大学教授）家族の帰りを楽しみに待っておられた。

先生は明治四十一年、佐礼谷小学校を卒業、それから地元の鉱山で足掛け十五年も働きながら独学で教師を目指した人である。

教員歴三十一年、昭和二十九年三月退職、このとき末っ子の修一さんはまだ小学二年生であった。

退職当時、恩給（年金）は年に二十二万円、一カ月当たり一万八千円であった。恩給でなんとか生活は出来るにしても、これでは自分の子どもたちを上の学校へはやれないと、次の年から新聞配達を始めた。それまでは隣町から新聞が一日遅れで郵便配達されていた。森岡先生の新聞配達はそれから二十五年間、八十四歳まで続けられたのである。

息子さんの修一さんに「新聞配達を手伝ったことはありますか。」と聞くと、

「配達は父が全部しました。初めの頃は、母が一部ずつ帯封にして宛名を書いていましたので私は帯封をするのを手伝った事はあります。」と言われた。

森岡先生は新聞配達をするかたわら、地区の人に推

されて町議会議員を通算四期、また伊予郡の連合老人クラブ会長を九十七歳まで務められた。

先生は昭和二十二年四月、地元佐礼谷小学校の校長として帰られた。そのころ県の教育委員会は、県下の各学校に「父母と教師の会（ＰＴＡ）」を設立するように、という文書を出した。森岡校長は、

「学校は村の人達にとって最も大切な共有財産である。それで佐礼谷教育後援会という名称にして、村内全戸の方に会員になってもらい、学校を支援していただくよう提案しよう。」と考えた。この提案は村の人達に受け入れられた。

一方県の方から、県内の学校は全部ＰＴＡという名称を使い後援会というのは一つもない。だからＰＴＡにするように、という文書が何回か森岡校長のところへ来た。しかし森岡校長は「私どもの学校では、ＰＴＡの組織よりも大きな、また教育的効果のあがる組織をつくってもらったのでＰＴＡという名称は使いません。」と言って県の方針を断った。

全国に何万とある小中高の学校でＰＴＡという名称を今も使ってないのは、佐礼谷小学校だけではないかと思われる。

百歳を 迎えて散歩 冬日和　　霄風（數榮）

森岡先生の少年時代

佐礼谷村には江戸時代末期から銅の鉱石を採掘する鉱山が幾つかあって、明治の中ごろには千人を超す人が働いていた。

村の中を流れる川の上流には、鉱山から発掘された銅鉱を精錬する施設があり、そこから出る排水の影響か川には魚が一匹もいなかった。魚のいない川でも夏場は森岡少年たちにとって、水遊びするのにこの上ない楽しい場所だった。

森岡少年は明治三十六年四月、佐礼谷尋常小学校に入学する。小学校時代、一番の思い出というと二年生の時、初めて汽車に乗り松前へ海水浴に行った遠足をあげておられる。

遠足の日、大洲街道をみんなで歩いて犬寄峠（いぬよせ）を越え大平から郡中の町に近づくにつれて道幅が広くなり、村には無かった客馬車・人力車そして荷馬車などを初

めて見た。街中に入ると人通りが多く、どの店にもいろんな商品があって、見るもの聞くもの全てが驚きの連続であった。

郡中駅で担任の先生に切符を買ってもらい、汽車が入って来るのを今か今かと待っていた。間もなくヒューヒューと汽笛が鳴って、ゴーゴーと煙を吐きながら機関車が何両かの客車を引っ張って駅のホームに入って来た。このとき七歳の森岡少年の眼には、機関車がとても大きく、力強く速く走るものに映ったそうである。汽車に乗り、松前で降りて砂浜に立ったとき、間近に見る海（伊予灘）は「海は広いな大きいな……」の歌の通り、とても広くて大きいものであった。

四年の歳月が過ぎ卒業の日が近づいてきた頃、担任の妻鳥先生が次のような事を言った。

「もうすぐ皆さんは卒業ですが、今度この学校に高等科が出来ます。それで高等科へ行くかどうか、きょう家に帰ったらご両親と相談しなさい。高等科は義務教育ではないから行かなくてもいいのですが、出来るだけ進学するように。」と。

森岡少年はその晩、そのことを両親に伝えました。するとと父親は、

「高等科へやりたいのは山々だが家にはお前の弟や妹が三人もいる。この子達の守りをしてくれないと、わしらは外へ出て働くことが出来ない。だから進学するのはあきらめてくれ。」と言ったのである。

翌日、先生が、

「高等科へ進学する人……」と言うと友達はみんな手を挙げた。しかし、森岡少年だけは手を挙げませんでした。その夜、担任の妻鳥先生が森岡家に来て、

「進学しないのは數榮（かずえ）君だけです。これからは学問の時代ですから、このままでは數榮君がかわいそうです。」と。しかし父親は進学の件は断った。

その後、担任の先生は、森岡家を度々訪問して遂に両親を説得したのである。

後年、恩師の妻鳥先生が亡くなったとき森岡先生は「私は妻鳥先生の深い愛情によって育ててもらった。もし尋常科四年で終わっていたら基礎がないから独学も出来なかったろうし、もちろん教師にもなれなかったであろう。今日私があるのは、全く先生のお陰です。」と言って涙を流されたのである。

妻鳥先生の熱心な説得で父親から進学を許された森岡少年は、これでまた友達と一緒に勉強が出来ると、天にも昇る気持ちであった。

早速、学用品代を得るため、父親と竹を売りに郡中の町に行くことにした。それで竹やぶへ行って父親は孟宗竹という大きい竹を、森岡少年は小さい竹を数本ずつ切って家に帰った。

日曜の朝早く、二人は竹をかついで家を出た。家から犬寄峠までは上り坂、そこから向こうは下り坂（五キロ）、坂を下りたところが大平という集落であった。大平では大勢の人が新しい道路（旧国道五六号線）の土木工事をしていた。道を造るといってもブルドーザーのような大型機械のない時代で、すべて人の力で仕事をするのだから大変だったと思われる。

大平からは比較的平坦な道を歩いて郡中の竹屋の店に着いた。店に着いたとき、二人ともへとへとに疲れていた。竹屋で父親の竹は三十銭、森岡少年の竹は七銭で買ってくれた。

後日、そのお金で教科書を買った。* 今まで習わなかった地理や日本史の本があり、森岡少年は勉強にとても興味が湧いてきた。

父親の言葉では「学校は昼まで」ということだったが午後も勉強させてもらった。その代わり授業が終わったらすぐ家に帰って子守や家の手伝いをした。

高等科二年になると、子守りは弟にまかせて父親のマキ割を手伝うようになった。当時は電気やガスはなく、どこの家庭も炊事をするのにマキを使っていた。山から切ってきた太い木は、長さ四十センチ位に切り、更にその木を割って燃えやすい形にした。

マキがたくさん出来ると日曜の朝、大八車にそれをいっぱい積んで郡中の町まで売りに行った。マキを買ってくれる人が少ない時は、町はずれまで行かなければならなかった。売れたマキ代は平均して二円くらいだった。

明治四十一年三月、高等科二年（小学六年）を卒業した。この年から義務教育の年限が四年から六年に延びた。佐礼谷村では高等科は置かないことになり、尋常科を卒業して高等科へ進みたい者は隣町の学校へ行きなさい、と言われた。

いっしょに卒業した中で、一部裕福な家庭の子は隣町の高等科へ進んだ。他の子女は進学せず多くは農業を手伝う時代であった。

その頃、村には青年団という組織はなく、森岡少年は、自分の集落の「村中組若連中」という若者のグループに入って活躍することになる。

＊義務教育で全学年の教科書が無償になったのは昭和四十四年度（一九六九年）から。

明治時代と石鎚登山

森岡少年が小学校を卒業した明治四十一年（一九〇八年）と言えば、今から百年以上も前になるが、その頃は物の豊かな現代社会とは大違いで、家には電気がない（夜はランプ生活）、ラジオ・テレビはもちろんバスも電話もない時代であった。森岡先生は若連中時代の忘れ得ぬ思い出として石鎚山のお山開きを挙げておられる。

明治四十一年六月三十日、森岡少年は朝の二時ごろ起床、川の水で身体を清め（水垢離）、先達に連れられ十人ほどで佐礼谷を出発、犬寄峠を越え郡中（伊予市）から横河原（東温市）までは汽車で、そこから歩き続けて黒森峠、天ヶ峠を越え、川を渡り薄暗くなったころ一軒の民家の宿屋に着いたのである。

そこには既に九州方面からの信者が来ていた。夕食後、信者の人達は床の前で、口々に大声で経文を唱えながら、錫杖（しゃくじょう）をガチャガチャ鳴らして、立ったり座ったりするので森岡少年は初めて見る光景に、とてもびっくりしたそうである。

大勢の人の中で座ったまま、疲れてウトウトしていると先達が「出発だ！」と言うので時計を見ると夜中の一時だった。何本かのタイマツに火をつけ、何人かの人がほら貝をブーブー吹き鳴らし「なーまいだ、なーまいだ」と口々に大声で叫びながら山を登ってゆくのである。それが山や谷にこだまし、ものすごい音響となって跳ね返ってきた。

東の空が明るくなり始めた頃、成就の神社に着いた。神社には、あちこちから来た信者でいっぱいであった。ようやく道が見えるようになって門が開き、待っていた信者は次々と門をくぐり、険峻な山に向かったのである。一の鎖、二の鎖、三の鎖と登ったが、一歩でも踏みはずしたら、真っ逆さまに落ちるような所が幾つもあった。

ようやく頂上にたどり着いた時には、既に沢山の信者がいて、御神体（知仁勇）を自分の身体に押し付けていた。御神体に触れると御利益がある、ということで森岡少年も御神体に触れさせてもらったのである。御神体は金属で出来た重いものであった。

西日本で最高峰の石鎚山（天狗岳一九八二m）の岩の上に立った森岡少年は、重信川が流れる道後平野を眼下に、西を向けば九州地方が霞んで見え、北は瀬戸内海の向こうに中国地方の山々があり、それは天も地も混然一体となって一瞬、聖域の中にいるような心境になり、その光景は一生忘れ得ぬものとなった。

石鎚登山という貴重な体験は、森岡少年にとっては人間形成の上で大きな影響を与えたものと思われる。

鉱山労働

森岡少年が明治四十一年（一九〇八年）、小学校を卒業した年の秋、佐礼谷村に新しく宮本鉱山という銅鉱を採掘する会社ができた。それで森岡少年は、会社に出向いて「雇ってもらいたい。」と言ったのであるが、子どもは使い道がない、と断られた。しかし、しばらくして鉱山にも沢山の人手が要るようになり、子どもでも何かの役に立つであろう、と一人だけ雇ってもらった。

鉱山には鉱石を掘り出す鉱夫、掘り出された鉱石や石ころを整理する「てご」、トロッコ引き、選鉱作業員、事務など様々な仕事がある。

森岡少年に与えられた仕事は「堀場てご」であった。これは坑道の奥の方の仕事で、掘り出された石を鍬で竹製の「ジョレン」に入れ、少し後ろへ寄せる仕事だった。大人の人にとっては、何でもないような仕事が、まだ十二歳の小柄な少年にとっては大変な重労働であった。

岩石や鉱石が硬く、作業員がつるはしで銅鉱を掘り出すことが難しいときは、岩に深さ五十センチくらいの小さな穴を掘り、そこへダイナマイトを入れ、導火線で坑道の外から火をつけて岩石を爆破するのである。爆破して後、しばらくして坑道の中に入ると、爆破したときの煙と粉塵がもうもうと立ちこめ、息苦しい中での仕事は耐えられなかった、という。

当時は月に二回休日（一日と十五日）があり、月末が給料日であった。初めて給料をもらった月は、二十八日働いていた。計算すると日給は十三銭であった。その頃の大人の日給は三十銭であったから子どもとしては賃金がよかったのである。森岡少年はお金を稼ぐことができて、とても嬉しく思った。

早速カンテラの油代を残して三円を父親に渡したのである。父親は「これで税金*を納める事ができる。」と言って喜んでくれたのである。

森岡少年が鉱山で働くようになってから、隣町の高等科へ進学した友達が学校へ行くのと毎朝、出会うようになった。友達は学生帽に学生服、鞄をかけてさっそうとした姿。一方森岡少年は鳥打ち帽子に作業服、そしてわら草履（足中）をはき、手にはカンテラ（携帯用ランプ）を持ったみすぼらしい姿では、自然に気が引け、情けない気持ちになった。それでも、いつも元気よく「お早う」と言って、友達とすれ違ったのである。

*『明治の税制』　森岡少年の父親が「これで税金を納める事ができる、と言って喜んだ。」というくだりがある。明治から大正にかけて一般庶民は、重い税に苦しんでいた。理由は明治の半ば、日清・日露の戦いで莫大な経費がかかり、日本は英国や米国から多額の債務を背負っていた。日本海海戦で大勝利した日本艦隊の多くは、当時の同盟国、英国から購入した船であった。なお大敗したバルチック艦隊（ロシア）は戦艦八隻を含む三十八隻の船団だったのであるが、ウラヂオストクの港にたどり着いたのは、わずか四隻だった、という。

青年補習夜学校

明治の終わりごろ、若連中という言葉に変わって青年という言葉が使われるようになり、村に佐礼谷青年団という大きな組織ができたので森岡青年もその一員になった。

青年団の目的の一つに学力の向上、と言うのがあり、村に青年補習夜学校ができた。夜学校は希望者のみ、ということで、申し込んだのは全部で二十人。

夜学校の規則

○開校日　月曜と木曜　　夜七時～九時
○学　級　尋常科卒業生　十名
○　　　　高等科卒業生　十名の複式学級
○学　科　算術、読み方
○教科書　学校で習った本で復習
○当　番　尋常科卒一名　高等科卒一名

○当番の内容　ランプのホヤの掃除と点火・清掃

森岡青年は、尋常科卒（小学六年卒）の組であったから高等科を卒業した友達に早く追いつきたい、という気持ちが強く、大きな期待をもって夜学校に通った。だが森岡青年には、古い教科書の算数の問題にしても、読み方の漢字にしても一度習っているので新鮮味はなかった。しかも明るさが十ワットくらいの石油ランプ二つでは、教科書の文字がようやく読める程度の明るさだった。

その上、春や秋はよいのだが、夏には沢山の蚊が教室に入り込んでくるので、うちわで蚊を追いながらの勉強であった。

冬はまた大変であった。その頃は今と違って、雪が多く家の中の温度が零度以下になる寒さでも教室にストーブは無く、戸の隙間から吹き込んでくる風は冷たく、手も足も凍りつくような部屋での勉強は能率が上がらなかった。しかし、森岡青年は高等科を出た友達に早く追いつかねば、と思った。小学校の算数の問題や国語の教科書に出ている漢字などは半年足らずでマスターして後、高等科の数学と国語それに日本史の教科書を買ってきて、勉強を始めた。

新しい教科書を手にしたとき、とても新鮮で勉強に対する興味が湧いてきた、という。高等科の数学に出てくるピタゴラスの定理（三平方の定理）の勉強は、とても面白く思い出に残る一つだったようである。

進学心の芽生え

十八歳頃になって森岡青年は、鉱山で毎日働くだけでは将来性がなく、また経済的に一家を支えることは難しいのではないか、と考えるようになった。

ある日、ふと新聞を見ると早稲田大学に夜間の工手学校があり、その中に採鉱冶金（やきん）科というコースがあることが分かった。早速、入学の手続きをして、両親に「東京で昼は仕事をして夜は学校に通い、鉱山の指導者になる資格を取りたいから行かせてほしい。」と言ったのである。しかし、両親は「今お前に出て行かれたら、この家はどうなる。お前が働いてくれるからこそ弟や妹も学校に行けるのだ。」と言われ、やむなく進学を断念したのである。

教員を志すようになる

東京へ出て夜間の工手学校で学んで鉱山技師になりたい、という強い願いは、父親の反対で駄目になり少々落ち込んでいた。

丁度そのころ、すぐ下の弟さんが隣町（郡中）の商店で夜遅くまで働き、人が寝静まってから勉強して准教員の免許状を取った。その事を弟さんから聞いた森岡青年は大いに発奮、自分も教員の資格を取ろうと独学のプランを立てた。

参考書を松山の赤本屋で購入

○中学講義録
○中学校教科書（古本）
○教科書の解説書

そのほか独学に都合のよいものを買い求め、勉強時間は夕食後、午前二時までと心に誓った。

鉱山の仕事は「堀場てご」から「ジョレン引き」鉱石を背中に背負う「負いてご」そして「トロッコ押し」と変わっていった。どれも重労働で、昼間の労働の後の勉強はとても辛いものがあった。

今晩こそ二時まで頑張ろう、と張り切っていても夜中になると、知らぬ間に机にもたれて眠ってしまい、気がついたときは、早や鉱山へ行く時間になっている事もしばしばあった。しかし、苦しい勉強も続けているうちに勉強する教科の真髄というか、その内容が少しずつ分かり自分の知識が広がっていくので次第に楽しくなってきた。更に森岡青年を勇気付けたのは、二十歳を過ぎたころ熱心な青年団活動と勉学青年ということが認められて、伊予郡の連合青年団長から表彰してもらったことである。

そのころ、鉱山では大勢の人達の生活物資、即ち米、味噌、醤油から日用品に至るまで、約三十種類の物資を一括して調達する調進部という部署ができ、その責任者に森岡青年が選ばれた。

昼間の仕事がソロバンと頭を使う仕事に替わったために、その苦労は精神的には大変であった。しかし彼は効率よく多くの商品の注文、仕入れと受け渡し、帳簿の整理等を的確にこなした。その有能ぶりが社長にも認められ、後に会社の経理まで担当するようになった。

検定試験を受ける

昼間の仕事が重労働ではなくなったため、森岡青年は計画通り午前二時ごろまで勉強が出来るようになった。中学講義録や旧制中学校の教科書もある程度学習したので森岡青年は、検定試験に関して県庁の学務課へ問い合わせた。すると八月に松山の師範学校で、国語と漢文そして法制と経済の試験を二日にかけて実施する、という詳しい資料をもらった。

その検定試験を受けたあと森岡青年は、一抹の不安を抱いていたが翌月、次のような合格証明書が届いた。

証　明　書

国語漢文　　法制経済

愛媛県

森岡數榮

明治二十八年十一月生まれ

右の者大正九年八月施行小学校本科正教員試験検定ノ成績佳良ニ付証明ス

大正九年九月二十五日

愛媛県

師範学校を目指して

国語と漢文、法制と経済の合格証明書を受け取ったとき、森岡青年は大きな喜びと同時に努力すれば教師になれる、という自信がついた。

しかし、教員の資格を得るには、次のような受験科目が多く残っていた。これを考えると気が遠くなった。

修身　倫理学・哲学

教育　教育学・教授法・管理法

地理　日本地理・外国地理

歴史　日本史・東洋史・西洋史

理科　物理・化学・博物

数学　算数・代数・幾何・三角

図画・手工・音楽・体操の四教科は理論と実技

これだけの科目全部を検定試験で取らなければ教員になれない、と思うと自信がゆらいで今度は進む方向を変えたほうが良いのでは、と迷うようになった。

何日か、ふさぎ込んでいろいろ考えていたが、ほかによい方法も見当たらず、この道を進む以外にないと心に決めた。

森岡青年は、大正九年から十年にかけて県内はもちろん広島師範学校まで出向いて受験し、主要学科の試験にはほとんど合格した。しかし、技能教科になると理論はともかく実技には全く自信がないので、どうしようかと案じていた。

それで検定試験で愛媛師範学校へ行ったとき、それまでの合格証明書を全部持って師範学校の先生と相談したのである。するとその先生は、

「あなたは中学校を卒業した人と同等以上の学力を持っている。それで師範学校の二部を受験する資格がある。二部に入ったら一年で卒業でき、小学校の正教員になれる。師範学校は授業料を納めなくていいし、補助もあるから親御さんの負担は少なくて済みます。」

このことを森岡青年は、家に帰って両親に伝えた。父親は「一年で卒業できるなら受験してみるか。」と承諾してくれた。

「受験してもよい。」と父親に言われた森岡青年は、とても明るい気持ちになった。しかし入学試験は検定試験と違い、全教科を一度に受けなければならないのでそんな難しいことが果たして出来るのか、と不安になった。だが出来るにしても出来ないにしても、やるしかないと思い、もう要らないと思って仕舞い込んでいた教科書や参考書を引っ張り出して再び勉強を始めた。

師範学校の入試

師範学校から届いた入試要項を見ると次のようだった。

大正十一年二月六日　午前九時より

第一日　国語（古文、現代文）漢文
　　　　数学（代数、幾何、三角）

第二日　地理（日本地理、外国地理）
　　　　歴史（日本史、東洋史、西洋史）

第三日　物理学、化学

第四日　口頭試問

試験当日、森岡青年は定刻より三十分程早く師範学校の門をくぐった。愛媛師範へは検定試験で何度か来ていたが、今日は入学試験だから、それまでとは違った緊張感が湧いてきた。

受験生は全部で百人余り、服装はほとんど中学校の制服を着ていた。募集人員は四十人、半分以上は不合格になると思うと森岡青年は複雑な気持ちになった。

入試の全日程が無事終わり、森岡青年は出来たようであり、出来なかったようでもあり、自信は全くなかった。数日後、合格発表の記事が出ている新聞が来て、すぐ開いて見ると自分の名前が出ていた。この時の嬉しさは教員を志して約十年、命がけで様々な苦難と向かい合いながら独学を続けてきただけに例えようがなく「欣喜雀躍（きんきじゃくやく）」とは、こんな時に使う言葉であろうかと思った。

合格したことを畑で仕事していた両親に知らせると二人は、それまで見たこともないような笑顔で「よかったの。」と言って喜んでくれた。

師範学校の入学式

森岡青年は、それまで人生についていろいろ悩んでいたのが、師範に入学することで将来の方向付けがはっきりしてきた。今まで着ていた泥まみれの帽子や作業着を脱ぎ、桜の花の中に「師」の入った帽章をつけた帽子、同じく徽章のボタンをつけた学生服に着替えるのだから天にも昇る気持ちになった。

大正十一年四月、入学式で森岡青年は、入学生を代表して次のようなお礼の言葉を述べた。

「この度私たち四十名の者が本校の第二部生として入学を許可されました。よき教師になるよう共に勉学に励みたいと思います。先生方のご指導をよろしくお願い致します。」と。この時、森岡青年は二十六歳、他の新入生より九年も遅れての入学であった。

学校生活はすべて軍隊式

新入生は、全員寄宿舎生活で一室に四人。起床も授業も昼食、就寝にいたるまで、すべてラッパの合図で行動した。教科の中に軍事訓練があり、指導教官は軍隊から派遣された将校で、時には城北の錬兵場で銃を持ち射撃の訓練もした。

一学期の終わりの一週間は、梅津寺で水泳の練習があった。当時はどの学校にもプールはなく、正しい泳ぎ方を知らないのが普通だった。最後の日は、遠泳で四キロ以上泳げる者、二キロ以上の者、一キロ以上と三段階に分けて泳いだが、森岡青年は、初心者でありながら梅津寺から高浜までの約七キロを泳いだ。

山路一遊校長の薫陶を得る（再録）

愛媛大学教育学部のキャンパスに、山路一遊先生頌徳碑「師道讃仰之碑」がある。山路先生は愛媛師範学校の歴代校長の中でも最も著名なお一人で、森岡先生は山路先生の最後の教え子でもあった。

森岡先生は、山路先生の思い出を次のように語っておられる。

「私が師範に入学して一番嬉しかった事は、わが国でも屈指の大教育家、山路一遊先生の薫陶を直接受けることが出来た事です。

先生は教育の重点を徳育に置かれ、人格の完成に力を入れられているように思いました。

学科は学校管理法でしたが、先生の講義のところどころに教育に対する信念としての教育観が滲み出ておりました。先生は、私たち生徒の品性を育てる一方法として一日の行動を反省させ、かつ精神を落ち着かせるために毎日毛筆で日記を罫紙二枚に書かされたのです。これには相当時間を要するので、ぶつぶつ言う友もいました。私もその一人であったかもしれません。しかし、後で考えてみると、人格形成のうえで非常に役に立ったように思います。

先生が愛媛の教育界に残された業績は、計り知れないものがありました。山路先生に接することにより、独学で干からびた私の心に潤いが出来たようにさえ感じました。私は山路先生の最後の教え子であることに誇りを持っています。」

教育実習そして卒業

第三学期を迎え付属小学校での教育実習が始まった。森岡青年は、二年生と三年生の複式学級を持つことになった。その学級の担任の先生は、付属の首席訓導（教頭）であった関係で忙しく、そのため三学期の授業はほとんど教生達が担当した。一つの学級に二つの学年の児童がいるので、常に二通りの指導案を準備してのぞんだ。

そのころ付属小学校では、アメリカの教育家パーカストがドルトン市で始めた「ドルトン・プラン」という教育方法が研究されていた。しかし極端な主知主義の教育なので結局実らなかったという。

大正十二年三月二十一日、森岡先生はトップの成績で卒業した。

教員生活三十一年の哀歓

森岡先生は大正十二年四月（二十七歳）から昭和二九年三月（五十八歳）までの三十一年間、教員を勤めた。

歴任校は次の通り

下灘尋常高等小学校（二年二カ月）
大平尋常高等小学校（一年十カ月）
松本尋常高等小学校（十四年）
砥部国民学校　教頭（三年）
野中国民学校　校長（三年）
佐礼谷小学校　校長（七年）

森岡先生は、大正の末期から昭和の中ごろまでの激動の時代、いわゆる戦前・戦中・戦後の波乱の時代を過ごし、喜びとまた深い悲しみも体験した。

大正十二年四月、森岡先生は伊予郡下灘村（伊予市）の下灘尋常高等小学校に赴任、五年生を担当した。

当時、学校は豊田下浜の小高い所にあり、教室の窓を開けると瀬戸内海が広がり、遠くの島々は霞んで見えた。そのころ陸上交通の便は悪く、郡中港から長浜、伊方（西宇和郡）へ汽船が通っていて、それが豊田へ寄港していた。広い海を見ながら育った子どもの家庭は農家が最も多く、次いで漁師、商家の順だった。

どの子も純朴で親しみ易く、森岡先生は家庭的な雰囲気の中で教育が出来るのを仕合わせに思った。また児童一人一人を立派な人間に育てるには、どんな方法があるのか、と考えると、先ず自分自身が立派な人間になり、その姿が子どもたちに反映して子どもが知らず知らずのうちに感得するのが教育である、と確信した。一年後、新校舎が現在の地に完成し移転した。学級も持ち上がりで、その中に松山の中学に進学を希望する児童が二人いた。その頃、田舎の小学校から県中へ進むのは至難と言われ受験する子もいなかった。

学校で少し勉強をして帰りたい、という児童がほかに五、六人いたので一緒に補習を続けた結果、二人は見事合格して家族の人と共々喜びあった。二人のうち一人は医者に、もう一人は実業家として共に成功した。以前この二人が、松山へ招聘してくれて、昔の思い出話をしたのは教師冥利に尽きると、と言われた。

三十一年間の教員生活で最も悲しかった事は、教え子が数人戦死したこと。その中には母ひとり子ひとりの家庭の教え子がいた。また高等科二年の担任だった時の生徒が満蒙開拓青少年義勇軍の一員として当時の満州国（中国北東部）に派遣され、そこで病に倒れ帰らぬ人となったこと。そして恩師であり校長でもあった岡本藤枝先生が義勇軍の隊長として満州へ行かれ、そこで亡くなられたことなど、戦時中から戦後にかけて、つらいことが多かった、と語っておられる。

反骨の人・気骨の人

昭和二十二年四月、森岡先生は出身地の佐礼谷小学校に帰ってきた。戦後、文部省は全国の小中高校に父母と教師の会（ＰＴＡ）を組織するようにという通達を出した。しかし、森岡校長は学校の後援会組織にＰＴＡという名称は使用しなかった。理由として学校は、村全体の共有財産だから「佐礼谷教育後援会」という名称にして村全体の方に会員になってもらい、財政的にも支援していただこう、と考え、村の人達もそれを受け入れた。

昭和四十五年、佐礼谷中学校が老朽化し生徒数も減ってきているので、町としては佐礼谷中学校を中山中学校に吸収合併する方針を打ち出した。それで町の理事者たちが佐礼谷の集落ごとに合併の理由を説明して回った。一方、森岡先生は説明会場で理事者の説明の後、合併はまだ早い、と言って佐礼谷中学校が無くなった場合の損失や不利益を理路整然と言って反対した。結局、合併は取りやめとなり、町は老朽校舎を壊し新築の校舎が昭和五十四年に完成した。

森岡先生は、教員退職の翌年、昭和三十年から地域の人に推されて町会議員となり通算四期勤める。この間、文教委員長や議長を歴任、各学校の整備・社会教育また地域のインフラ整備に尽力された。

先生は退職された翌年から新聞配達を始め、八十四歳まで続けられた。当時、休刊日は一月二日だけ。冬、雪の降る日は歩いて配達、しかも二十五年間一人で毎日続けられた。まさに超人的である。

昭和三十三年、森岡先生が町議一期目のとき、先生が発起人となり五万円を先ず寄付して、総額二十八万円の費用で佐礼谷地区の戦没者遺影集を作成、遺族九十七戸に贈呈されている。

また先生は、ご自分の山林・田畑・原野の一部を町に提供され、地域のための橋の建設、公園作り、更に秦皇山(しんこうざん)の地下水を上水道に引く事業をされた。このように物心両面にわたる奉仕、それら浄財の額は数百万円になるのではないかと思われる。

九十七歳まで老人クラブの連合会長をされ、教員を退職されてから四十年という長い期間、真のボランティア精神を発揮された。先生は、米寿のお祝いに町の敬老会に招かれ、記念品を戴いたとき、

「自分が高齢の老人になっている事にはじめて気がついた。」と語っておられる。毎日の生活がいかに充実していたかの証しでもある。森岡先生のご葬儀のとき、教え子と思われる方が、

「先生の授業は厳しかった。後ろの方の席で私語でもしていたら、すぐチョークが飛んできた。」と話されていた。先生は、平成十六年十一月三十日、百九歳と八日、県下一の御長寿で人生の幕を閉じられた。

合掌

森岡先生を偲んで

上甲　修

私が定年退職して二、三年後だったと思う。退職公務員連盟の会報に森岡先生が書かれたエッセイが載っていました。その内容は、六十歳のときから八四歳まで二十五年間新聞配達をしたという体験談でした。私はそれを読んで、これはすごい！　と思い、いつかお会いしてお話をお聴きしたい、と念じていたのです。そう思いつつも数年の月日が流れて平成十三年、森岡先生のご自宅に電話すると、山岡さんという家政婦さんが、

「先生は、今臥(ふ)せておられますが、何時でも来て下さい、とのことです。」と言われました。

以後、三回ほど御自宅にお邪魔して先生のお話、そして先生の著書「風雪を越えて」と佐礼谷小学校百周年記念誌など貴重な資料を拝見できたのです。

森岡先生と経営の神様と言われる松下幸之助氏は共に明治のお生まれ同世代の人。このお二人の生い立ちが私には重なり合って見えるのです。

松下氏は小学校四年の卒業を待たずに中退、丁稚奉公の後、刻苦勉励、日本を代表する会社を設立した人。いっぽう森岡先生、小学校は卒業したけれどそれ以後、筆舌に尽くしがたい艱難辛苦のすえ初志貫徹。そして退職後の四十年間は世のため人のため懸命に働いた人。まさに稀有な存在であります。

先人の足跡

石井　素先生

教え子を救おうとして三十三年の生涯を閉じた殉難者

愛媛大学教育学部のキャンパスに大正五年愛媛師範学校を卒業した石井素（すなお）先生（旧姓上甲）の胸像がある。

石井先生は東京府立第一商業学校在職のとき山岳部を担当。昭和三年八月一日、山岳部の生徒たちと槍ヶ岳に登るため上高地のキャンプ場を出発した。

間もなく教え子の一人が梓川（あずさがわ）の丸木橋を渡るときに誤って川に転落。その生徒を救うため、雨で水かさの増した梓川に石井先生は飛び込んだ。最初飛び込んだときは救出できず、二度目も失敗、三度目、周りの生徒たちが制止するも、それを振り切って激流の中に入っていった。でも三度目ともなると石井先生の体力は既に限界に達しており三十三年の生涯を閉じられた。

翌昭和四年、石井先生の行動を永く後世に伝えるため、先生の胸像が関係者の協力によって愛媛師範学校の校庭（現在の若草町）に建立された。しかし、太平洋戦争中、軍の命令で胸像は供出させられ、以後二十数年間、胸像のない台石だけが愛大教育学部の校庭に移され残っていた。台石のみで胸像がない事をたいへん残念に思われていた河野素（こうのすなお）先生が胸像の復元を強く願って昭和四十一年一月発行の同窓会報に次のような文を寄せられた。

師魂　石井　素先生　事績回顧

昭和十八年九月　愛媛師範繰上げ卒業　**河野　素**

師範受験のため私は、白亜の殿堂そびえる校門をくぐって、右手守衛舎のすぐ奥、石井素先生の胸像の台石にもたれて、なにげなく時間待ちをしていた。

入学した直後、この胸像に心ひかれた動機は、胸像の名前と私の名が同名だったことにある。裏側の碑文をたどると、槍ヶ岳登山の途次、梓川に落ちた生徒を救うべく雪解けの激流に身を投じて三十三年の生涯を教育に殉じた人物である事を知った。

間もなく、本館階上の奥の片隅に、その事績の展示があることに気づき、読みふけっていくうちに同名の因縁に加えて同郷旧中川村（西予市宇和町中川）の先輩であることが分かった時は全く感激の極みであった。こうした契機から、その事績あれこれの全てを筆写する腹を決め、一週間ばかりそれに時間を費やした記憶がある。手元の筆写記録によると昭和十八年七月これを写す、となっている。

そうした不可思議な因縁に結ばれて筆写した罫紙五十枚は、二十三年を経た現在も手元に残って、折にふれて取り出しては当時を回想している。

戦時中に銅製品として胸像は供出されたとかで、今は台石のみが愛大教育学部のキャンパス、師道鑽仰之碑の近くに置かれているが、戦後は或いは忘れ去られていたのではなかろうか。同窓先輩諸賢の御回想を願い、戦後愛大に学ばれた諸友にいささかの紹介をしたくて筆をとってみる。

石井素先生は、明治二十九年三月七日、東宇和郡中川村真土の上甲太一郎氏の次男として生まれ、大正五年愛媛師範卒業、松山市西堀端、石井忠義氏の養嗣子となり、第五尋常小学校（現在の新玉小学校）に赴任。その後、向学の念やまず、大正十年上京し、御徒町尋常小学校、ついで府立第一商業学校に転じて地理を担任されたようである。その傍ら、日大法学部政治学科に学んで、昭和二年三月最高の栄誉である銀時計に輝いて卒業されたのは、殉難一年前のことである。

上高地・梓川での殉難の状況については、当時の新聞各社が詳細に報道しているが、その一部をここに摘出してみる。

昭和三年八月二日付き朝日新聞は「生徒を救わんとして教師もろとも溺死す」の見出しで、

「八月一日午前七時三十分上高地キャンプを槍ヶ岳登山のため出発。梓川の一本橋を渡る際、四年生福室順之輔君（十七）が踏みはずして墜落したので、石井氏も救助のため飛び込んだが、連日の雨で増水した激流にのまれて両人とも溺死した……」とあり、各新聞とも、石井先生の壮烈さを激賞して扱っている。

その中で、四日付き国民朝刊が、「愛児の恩人を先ず弔った父」という見出しで、

「急報に接して二日当地に着いた順之輔君の父、平吉氏は順之輔君の棺を示されたが、我が子の棺には目もくれず、先ず我が子の為に犠牲となった石井教諭の棺の蓋を開け」とあることに感銘したものである。

渋谷町報（昭和三年八月二〇日）でも、「殉難教育者」と大きな見出しで、

「学生児童の為に殉職せる教育者の中に、吾人の脳裏に今なお残れるは……以上両氏は何れも小学校教員なり。石井教諭は中等学校の教師なり。由来中等学校の教師は知識の販売者にして、生徒はこれが購買者なるが如き感を持し、その間師弟の情宜はまことに薄く、……中等教員にして現代に君の如き愛と責任との双方を遺憾なく発揮して後世に多大の教訓を残せるは……一人の壮挙は全体の生気を思わしむ。……」

昭和十八年六月のある夜。今は亡き恩師藤谷庸夫（つねお）先生のお宅で、戦時中のこととて、サツマイモのふかしたのをいただきながら、石井素先生の面影について、お聞きする機会があった。

「石井君は小柄で、温厚、あまり敏活なほうではなかったが。」とか、「彼は手が太かった。手の太いのは誠実さが強い。」などと、うかがい知れた。

また「福室（ふくむろ）という生徒は、実は丸木橋の上でおどけていて川に落ちたもので、石井君は人の止めるのも聞かずにすぐ飛び込んだ。三度飛び込んで捜したが、三度目にとうとう力尽きて……三度も飛び込んだのだよ。……」と熱の入ったお話しぶりであった。

藤谷先生も語られる石井氏の誠実さは、たとえば、この槍ヶ岳登山の下調査として、六月に単身このコースを踏破されているとか、また、危険をおもんばかる山岳部の親御さんに対しては、アルプスから数通の便りを寄せられて、安心させようと務められた事などからも分かる。その朝も、

「今日が最後の通信です。今八時十分、槍ヶ岳へ登山、天気回復して晴れ間を見る。今夜槍へ泊まり、明日下山。明後日は上高地を離れます。」の通信を送るなど、最後まで親を思われる気持ちが溢れている。

与えられた誌面も超えて、終りを急がねばならない。

とにかく、愛媛の生んだこの教育殉難者石井素先生の顕彰が、全国的支援のもとに、朝倉文夫氏の彫塑によって成された過去を思い、今、台石のみが愛大構内に存置されている事を思うとき、同窓・後輩われわれの総意によって、胸像再建が再び成就されることを独りひそかに念ずるものである。

（昭和四十一年一月　東宇和郡嘉喜尾小学校長）

河野素先生による胸像再建の強い願いが、当時の愛媛同窓会の関係者を動かし、翌年、石井素先生の胸像が台石の上に復元し現在に至っている。

＊昭和の初めまで梓川に架かっていた丸木橋は、その後改修され現在は頑丈な吊り橋になっている。

○　○　○　○

石井素先生の殉職を報じた昭和三年八月二十日発行の〝渋谷町報〟によれば、石井教諭『殉職事情』と題して次のように記している。なお印刷字体は、当然ながら旧字体が使われ、漢字には全てルビがつけてあるが、文体は今とは少し異なった表現である。

「東京府立第一商業学校教諭石井素君（三三）は、去月二十五日出発、同校夏季山岳班参加者四十三名を引率し、他の二教諭と共に、信州上高地に至り、滞在十日の予定をもってキャンプ生活を指導せり。

八月一日、一課程として槍ヶ岳の踏破を計画し、周密なる用意のもとに出向かわせるも、同日午後一時頃その登山の途次、梓川の上流に架せる丸木橋を渡る際、第四学年生徒、福室順之輔は、あやまって該橋より墜落せり。橋下水面に至る距離約五尺、さまで高きにあらざるも、巉岩突起し、加ふるに折柄の増水にて、しかも冷冽氷の如き激流の奔流せるあって、墜落せる生徒福室は、奔流の運ぶところとなれり。

この危急を看取せる石井教諭は、教え子たる生徒、いとしやの情と指導者としての責任感とに燃えて、我を忘れ、危険を思うて之を制止する生徒の詞に耳をかさず、敢然身を氷の如き渓流に投じ、前方に見えつ隠れつ転流し行く痛ましき教え子の姿を追いたるも、肉を切る巉岩尖石と、体温を奪いて心臓を止むる氷の奔流とに抗し難く、力尽き、根果てて世にも痛ましき殉職を遂げたるなり。」

『家庭の事情』と題して

「石井教諭は養子にして、家には遺族として六十歳にあまる老養父母あるのみ、故教諭は三十三歳に至る今日も、なお独身にて、ひたすら養親の孝養と自己の修養、向上とに努め居たるなり。」

＊石井家は数年後、再び養嗣子を迎えられ現在、松山の道後に居を構えられている。

『性行と勤務の状況』と題して

「君は穏健着実にして迫らず、研究心に富み、生徒を愛育し、よくその信頼を受けて教導の実を挙げ、同校に来任以来、満三年五カ月の間、一日の欠勤、遅刻、早退なし。運動に興味を持ち、特に庭球はその最も好む所。又山岳部の指導者たりき。去る六月本年夏季学校山岳班のキャンピング予定地たる上高地に単身出張、調査研究を遂げ、右予定地を決定せり。」

なお、〝渋谷町報〟は、石井教諭の御葬儀の模様と石井教諭の略歴を次のように報じている。

「御葬儀は、去る十三日午後二時より、同校雨天体操場に於いて、神式により校葬され、葬儀に列せる者、文部大臣、東京府知事以下、来賓二百五十名、父兄並びに保護者五百名、学生生徒千七百余名にて、最も盛儀に式を挙げられた。

式は、一同着席後、氷川神社社主、山口真治氏祭官と為り、修祓を行い、陪膳以下神饌を献じ、祭主の誄詞あり。羽田校長の弔詞以下、左の通り弔詞があった。

生徒総代、保護者総代、同窓会総代、山岳班代表者、文部大臣、東京府知事、東京府会議長、愛媛県人会長全国師範学校長協会幹事長、全国公私立中学校長協会幹事長、日本大学総長、御徒町小学校職員総代……

右弔詞朗読、弔電披露後、遺族親族、学校長、文部大臣、東京府知事以下、玉串の捧呈あり、羽田校長並びに親族総代の挨拶あり之にて式を閉じ、一同涙を拭って退散した。」

身を捨てて教えを後に残しけり
君の功の高くもあるかな　金原秋水

故石井教諭略歴

「故石井教諭は、大正五年三月愛媛県師範学校を卒

業、大正十年十二月、試験検定により地理科中等教員の免許状を受け、昭和二年三月日本大学法学部を卒業、同年五月法制経済科の中等教員の免許状を受けられた。

　氏は大正五年四月愛媛県松山第五尋常小学校訓導を拝命、大正十年一月東京御徒町（おかちまち）尋常小学校訓導に転任、大正十四年四月、東京府立第一商業学校教諭拝命、昭和三年八月一日に至ったのである。」

河野　素先生を偲んで

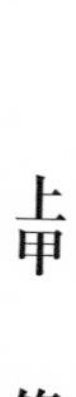
上甲　修

河野素先生

　石井素先生の胸像の復元・復活を強く熱望された河野素先生は、昭和三十六年ころ八幡浜教育事務所で指導主事として勤務されていました。私はそのころ明浜町（西予市）の中学校に勤めていましたが、学校訪問で河野先生から丁寧なご指導を受け、また親しく歓談の時を過ごしたことが脳裏に残っています。
　河野先生はいつも優しいまなざしで接せられ、授業等の問題点については的確に指摘されていました。
　また昭和四十年代、私が南予から温泉郡の学校に転勤してからも「共に頑張りましょう」というお手紙をいただき、私の忘れ得ぬ先生であったのです。
　しかし、河野先生は五十代半ば、病に倒れられたのは痛恨の極みであります。

先人の足跡
菊澤　薫先生

佐礼谷小学校百周年記念誌の寄稿文より

佐礼谷（されだに）の思い出（新任校長奮闘記）

菊澤　薫

昭和八年八月三十一日付で私は「佐礼谷（されだに）尋常高等小学校訓導兼校長兼佐礼谷農業補習学校長兼佐礼谷青年訓練所長」ニ任ス、という長い「辞令」を受け取っていささか驚いた。学年の途中で、何の心準備もなく、とまどいを感じたが仕方がない。取りあえず住む家を探さねばと、郡中（伊予市）から犬寄（いぬよせ）まで、ぜんまい道*をバスでゆられながら行った。＊旧国道五六号線

バス停から徒歩で学校に赴き、住宅の事を尋ねたが、今まで単身赴任していた前校長の住んでいた小さい住宅には、既にある教員が移り住んでいるし、空いた家は一軒も無いとのこと。どこか離れでも、と各方面に交渉したが、どこにも貸してくれる家はなかった。

それで役場に行き、村長らに窮状を訴えたが全然駄目であった。あげくの果て、それでは伝染病の避病舎が空いているから、そこへお入りなさい。しかし、伝染病が発生したら、すぐ出てもらわねばなりません、との答えであった。

八方手を尽くしてこの有様、といって郡中から通勤するには交通機関はなし、ひとまず郡中へ帰って家内と相談したが、そんな所へは絶対に行かない、と強く拒絶され、ほとほと困り果てた。しかし、今ひとつ努力してみようと思い、郡中校で一緒だった岡田さんの兄上が佐礼谷の助役、久保田さんだったので岡田さん

を通じて電話でお願いしてもらった。

しばらくして、離れで台所もなく、せまい所で不便でもかまわなければお貸ししてもよい、との返事をいただいた。早速お借りするようお願いし、家財道具をトラックに積んで赴任することにした。場所は札場の久保田さんの離れで、ここでお正月を六回も迎えようとは、実に不思議な運命のめぐり合わせであった。

いよいよ佐礼谷で生活を始めてみると、校長も一学級を完全に受け持たねばならない教員配置で、その上、補習学校の夜学が週に四回あるし、日曜日は青年団の教練指導で校長も顔を出さねばならない、実に忙しい毎日であった。

校長職も忙しいので、自分は授業時数の少ない一年生を担任した。一年生に、

「これからは、小学一年生になったのだから自分の事はすべて自分でやりなさい。」と、言ったのである。

その後、恒例の家庭訪問を始め、ある家庭を訪ねた時、そこの母親が、

「うちの子どもには困ります。夕方おそく山から帰ってきて、子どもにマッチを取っておくれ、と言いますと、自分の事は自分でしなさい、と先生が言われた、と言って、どうしてもマッチを取ってくれません。」と。

これを聞いて全く驚き入り、それ以来、自分の事は自分でせよ、という言葉を一切使わぬ事に固く決心した次第である。

その後、一番遠い天翅（あまつばさ）から二人の子どもが通学していたが、毎日一時間以上必ず遅刻していた。ある時、どうしたことか、この二人がけんかをして連れ立って通学せぬ事になったので、放課後家庭訪問をすることにした。中替地（なかがえち）の急な坂を経て廃鉱になっている寺野鉱山の横を過ぎ、人家皆無、人通りのないウサギ道を尾根伝いに歩いたのだが、道のりの遠いのに全く驚いてしまった。この寂しい遠い山道を、小さい子がよくも毎日通学することだと感心した次第である。

天翅で二人の親たちと話し合いをし、「けんか」をやめてもらう様に話をつけて学校へ帰った時は、日は暮れてしまっていた。

ある日、柿谷の家庭訪問をするので子どもに案内してもらった。柿谷の坂は殊のほかけわしく、自分は、

青息吐息の胸苦しさにあえいでいたが、一年生の子どもは、足元も軽く、ずんずん登って行くので、平坦地に育った自分は、どう頑張ってもついて行けなかったのを今に忘れることが出来ない。

佐礼谷の自然環境について

　生れて初めて経験することが多くあったが、その一つに、すずりの水が凍ったことがある。冬の寒い日の習字の時間、井戸の水を汲んできて、子どものすずりに水を入れて墨をすらせ、机間巡視をしていると、すずりの水がねばったようにがさがさしているので、「すずりの中へ何か入れたのか。」と尋ねたが、何も入れていないとのこと、不思議に思って教壇へ帰り、自分も教卓の上で墨をすりはじめたところ、墨壺(すみつぼ)が、がさがさになったが、その原因を知らぬまま黒板に古新聞紙をはり付け、大筆に墨をたっぷりふくませ、きょう習う字を大きく書いたところ、筆の運びに従って、針のように凍ったものが次々と出来て、墨の色も薄くなったので、初めてすずりの水が凍ったのだなぁ！と悟った次第である。

冬の寒さは殊のほか厳しく、土地もかんかんに凍り、土地の人は、これを「くろごおり」とよんでいた。冬の夜、枕元に置いていた飯びつの飯が凍って、針の様な光る氷が沢山出来たことが度々あった。

　生活に必要な野菜を買うところがないので、大家さんに、無理を言って畑を借り受け、野菜を作ったのである。ある夏、トマト・ナス・ジャガイモなどを作ったとき、トマトの実が出来ると、夜の間に蛾がやってきて果汁を吸い、あとの実が腐ってしまうので、新聞紙の袋をかぶせて被害を防いだ。どうにもならなかったのは、テントウ虫だましが多く繁殖し、トマトの葉を網の目のようになるまで食いつくし、続いてジャガイモの葉を食ってしまわれ、全く閉口した。

　自然に恵まれた佐礼谷には、壮大なホタルの群生があった。初夏の宵にニブコ川へ行ったことが思い出される。川沿いの両岸に、何十万匹にも及ぶかと思われるホタルがともす光は、あたかも呼吸するかのように川筋をくっきりと照らし出す。あの壮観は、全く言語に絶するものがあった。

　犬寄(いぬよせ)と平岡の二つの集落のあいだに赤海(あかさこ)という所が

あるが、そこに一面赤い毛布を敷いた様に、真っ赤に熟したイチゴの群生地があった。その甘い味は、今に忘れられない山の自然の尊いものであった。

夏の夜半、佐礼谷川から聞こえてくる、かじかの鳴き声も詩情あふれる風物の一つである。

秋になると用務員のおばさんが、「とうきび」を焼いて教員室へ持ってきて食べさせてくれたのも、忘れられない佐礼谷の味である。

佐礼谷に赴任した頃、ここには婦人会も国防婦人会もなかった。当時、伊予郡内でこの組織が無かったのはここだけであった。それで八方働きかけ、ようやく、肩に佐礼谷国防婦人会と大きく印刷された「たすき」をかけた御婦人方の集まりを見るようになり、郡大会にも、他町村なみに肩を並べるようになった。

佐礼谷小学校についての思い出は、先ず教育標語を作ったことである。即ち「みがけよつねに」と。人の道を尽くし、素直に常にみがけ、と呼び続けたのである。魂のしっかりした、腹のすわった真の日本人的性格へと。物事を知り、悟りを開き、奮起へと念じ続けたのである。

また、報恩感謝の念を堅持し、常に「ありがとう」という感謝の気持ちを持って、長上同輩に対するあいさつ、両親祖父母への慰安奉仕が大切と説いた。

更に、校外自治組織として健児団を作り、地区ごとに分団の組織を作り、自治活動を促したものである。

青年学校の思い出

毎年八月には耐熱行軍を実施し自分も同行した。特に印象に残っているものに天翅(あまつばさ)を越え広田村を過ぎ、久万小学校の校庭を借り、キャンプをして佐礼谷に帰ったこと。もう一つは出石寺へ行ったときのこと。

佐礼谷を出発してから内子・五十崎を過ぎ、新谷に出て、平坦な道に出た。その辺りから青年達も自分も弱って、大洲の豊ヶ橋の札所あたりでへとへとになった。大洲城で休憩をとり、そこから更に出石寺へ行くきつい山を登って行ったことは終生忘れられない。

無医村で辛かった思い出

郡中から転任してくる際、家内のかかりつけの医者橘先生がいたく同情され、お餞別に薬の処方箋を作って下さった。当時、家内は呼吸器を患って、一時は絶対安静の宣告を受けた事もあった。それで、先生に教えられた通り薬局で薬を買い求め、小さい計量器やメートルグラスまで揃えて赴任したのである。

さてその後ある時、家内が急に口の中が痛み出し、夜も昼もぶっ通しで痛い痛いの連発。睡眠もとれず困って、となり町の医者に往診を頼んだところ、車で送り迎えしてもらわねば行けぬとの事。当時タクシーとてなく、仕方なく農家が使っているオート三輪車を頼み、お迎えして診察してもらった。しかし何病やら不明、帰って調べてみましょう、と言って帰られた。

しばらくして、自分は自転車を借りて、となり町へ行き、先生にわかりましたか、と尋ねたが、さっぱり不明とのこと、がっかりして家に帰った。

家内は水も湯ものどを通らず、苦しむ一方であった。そこで役場へ行き電話を借り、郡中の橘先生と相談したところ、それは歯医者に聞いてみよ、との事で当時、校医であった歯医者の若林先生に聞くと、それは口内炎だから硝酸銀のかたまりで口の中の白い斑点の所をこすり、食塩水でうがいをせよ、と教えて下さった。硝酸銀はとなり町には無かったので、人を雇って松山まで買いに行ってもらった。それで教えられたとおり治療したところ、効果てきめん、家内が苦しんでいた痛みは取れ、やれやれと安どしたのである。

その後、村長の交代があり、新進気鋭の篠崎村長が就任され、狭くて困っていた運動場の拡張が行われ、運動会はもちろんの事、消防団の出初式（でぞめしき）や公共の行事にも不便を感じなくなり、悲喜こもごも数多くの思い出を残し、昭和十四年三月末をもって佐礼谷とお別れした次第である。

○　○　○　○

伊予市歴史文化の会発行「伊豫市の歴史文化」の第四十二号（平成十二年三月発行）に菊澤薫先生の業績が簡潔に紹介されている。＊一部補足

菊澤　薫先生（一九〇〇年～一九九五年）
伊予市の教育進展に貢献した教育長

菊澤薫は、父縁三郎、母シマの長男で、明治三十三年三月二十日、伊予市下三谷で生まれた。

父は警察官で、厳格に育てられたが、幼時から英才で、小学校の学業成績は抜群であった。

大正八年愛媛県師範学校本科第一部を卒業して伊予郡松前町立松前尋常高等小学校訓導となり、以後愛媛師範代用付属の余土尋常高等小学校そして郡中尋常高等小学校訓導を経て、昭和八年伊予郡佐礼谷村立佐礼谷尋常高等小学校訓導兼校長に就任した。このとき満三十三歳、異例の抜擢である。

学校経営に当たっては、早々に「磨けよ常に」を教育標語として、整然とした経営案を作成し、理想の教育の実現を目指した。しかし当時の佐礼谷村は、山村特有の純真ではあるが保守的であったので、いろいろな抵抗にあったが、徐々に教育実績を挙げることに、努力を重ねた。

佐礼谷小学校在職六年の後、昭和十四年、伊予郡上灘町上灘第二尋常高等小学校に転任、在職二年で県教育委員会社会教育課社会教育主事補に栄転、同十七年には温泉郡地方事務所勤務となった。昭和二十年には待望の愛媛県視学に就任、本人にとっては、まことにうってつけの職場であった。理路整然と職務をこなしたが、その年の八月、太平洋戦争は終結した。

終戦の翌年四月、北山崎国民学校長に就任、その翌年の昭和二十二年、新制の北山崎中学校長として新しい時代の波に乗って、有為の前途ある少年を育成した。

在職三年の後、温泉郡の南吉井村・北吉井村共立の吉井中学校（現・東温市重信中学校）の校長に就任。新制中学校の整備、土台作りに手腕を発揮した。在職五年の後、通算三十五年に及ぶ教職に幕を閉じた。

以後、悠々自適の生活に入ったが生涯学習の熱意に燃え、伊予市立図書館で研修を重ねた。このことは、当人の文化人としての幅を大きくすることに役立った。

昭和三十一年一月、伊予市の教育委員に選ばれ、同年十月、教育長に任命された。教育長在任十二年、その間、南山崎・北山崎・郡中の三中学校を統合して、新しく港南中学校を誕生させた功績は大きい。

永年にわたる教育界の功労で、昭和五十二年に勲五等双光旭日章を受賞。昭和五十三年には、地方教育行政功労者として、文部大臣表彰の栄に浴した。

平成七年九月十日、松山市石手四丁目の自宅で永眠。享年九十六歳、教育者の模範となる生涯であった。

（追記）

　菊澤校長の「佐礼谷の思い出」の出だしに「佐礼谷尋常高等小学校訓導兼校長兼佐礼谷農業補習学校長兼佐礼谷青年訓練所長に任ス」という「辞令」を受け取った、とある。明治から昭和二十二年ごろまで、多くの小学校の校長は専任制ではなく授業も受け持っていた。

　農業補習学校（実業補習学校）というのは当時、小学校の高等科（二年）を終えた生徒の多くは自分の家の農業等を手伝っていたので、その生徒達を対象にした教育機関である。週に四回ほど（農繁期を除く）主に夜間の授業で修業年限は三年であった。

　青年訓練所というのは補習学校を終えた生徒たちを対象にした教育機関で、軍事教練などの指導を受けた。農業補習学校と青年訓練所は後に統合され、青年学校となる。昭和十四年度から青年の指導は青年学校の教員が担当する事となる。

　なお青年学校は、戦後の学制改革で廃止され、新制の中学校、新制の高校に姿を変えることになる。

　昭和四十年代の終わりごろ国道五六号線は改修整備されトンネルが出来て、それからは車で伊予市内の郡中から二十分ほどで佐礼谷に行けるようになった。菊澤校長が昭和八年、家庭訪問に行った天翅（あまつばさ）という集落は無くなっている。

先人の足跡

高須賀義男先生

戦前・戦中・戦後、愛媛の教育と共に歩んだ九十三年の足跡

球心機動(一)

昭和四十九年四月、私は転勤で温泉郡川内町（現・東温市）の川内中学校に赴任。この中学校は昭和三十年代の半ば、町内の四つの中学校を統合、町の中心部につくられた美しく清潔感のある学校で、この学校の初代校長が高須賀義男先生でした。

赴任した日、教頭先生の案内で校舎を一巡したとき体育館（旧）の二階にある柔道場の壁に、見るからに古めかしい大きな額縁が掛かっていました。それは松根東洋城*の書で「球心機動」と横書きで書いてありました。

＊宇和島市出身・芸術院会員　昭和三十九年没・九十二歳

私は「球心機動」がどんな意味だろう、と考えていました。間もなく初代校長の高須賀義男先生のお話を聴く機会があり、ようやく理解できたのです。

平成三年の秋、高須賀先生は『球心機動　―高須賀義男教育論集―』という三六五頁に及ぶ著書を出版されました。この「球心機動」という言葉こそ高須賀先生の生涯を貫く教育信条であったのです。

この本は高須賀先生の後輩の方々が「高須賀義男教育論集出版会」を組織され、高須賀先生の数多くの指導講話を素材にして、その編集から出版・頒布までのお世話をされたのです。

その著書の主たる題名と項目は次の通りです。

○中堅女子教員に期待する
- この道四十年・余土小学校時代の思い出
- 凝と発の教育・成功の喜び・感謝の心

○教育者の使命
- 夏目漱石の教訓・聖職意識と労働意識

●人間尊重の社会・教育の永遠性
○忘れ得ぬ人々
●森岡八重子先生・越前フジ先生・鈴木六二先生
●浅井福爾先生・梅本新吉先生
○愛媛教育に望む
●方向性・自主創造の教育・自主的研修と教育行政・個性の展開・健康教育を基盤とする全人教育・愛国心の教育
○郷土に立脚した道徳教育
●郷土教育の原理・情意を通じての道徳教育
●教育環境としての郷土・家風と特性・自然環境の保存・先哲偉人の顕彰と文化財の保存
○視聴覚教育の推進
●本県教育の実践的課題・視聴覚教育の適用と主体性・教科学習の効率化と問題点
○新任校長に贈る
●職責と使命・後継者の使命と育成・先輩に対する敬愛と私淑・自主性の確立・自己修養と研鑽
○新任教頭に望む
●球心機動の体制・教頭のあり方・真実の教育者
●平常の心得
○教育のふるさとに帰りて
○心の政治をめざして

（愛媛県議会における質問演説）

高須賀義男先生は、この著書の「あとがき」に次のように書いておられます。

「……顧みますと、私がかろうじて教育者としての生涯を全うする事が出来ましたのは優れた恩師、思いやり深い先輩、温かい朋友のお陰によるものであった事を、年老いるにつれて痛切に感じております。

大正十四年に松山中学を卒業した当時の私は、若者並みに青雲の志を抱いておりましたが、やむなく愛媛県師範学校に入学、一年間の修学を終え卒業。卒業と同時に当時、師範学校の代用付属であった余土小学校に赴任、県内から選抜された優れた先輩から指導鍛錬を受け、純真な子どもたちと充実した日々を過ごすうちに、教育を天職とする自覚が生まれてきました。

また当時、県下の模範村と云われた余土村に居住し、地域住民になりきって感化を受けたことが、私の生涯を教育の世界に打ち込む方向付けになりました。現役当時の私の講話が、県指導主事の上原勲さんによって録音され、文章化されたものが、今回の教育論集の主内容になった事を思いますと、記録の重要性と、上原さんから受けた恩が深く感ぜられます。

この書は、私が教育界に長くお世話になった生涯のささやかな証しとして皆様に捧げるものでありますがあわせて、愛媛教育に対する願いと期待を込めたものでもあります。」

球心機動(二)

高須賀先生の座右の銘の一つは「球心機動」であり、もう一つは「真実と最善を尽くす」でした。

先生は「今日の教育は、政治・経済・文化・社会と緊密に結びついていて、その中に教育は立っている。その教育の背景になるものを普段から研究・理解してよって教育に資する事を忘れてはならない。」と述べておられる。

先生の著書「球心機動」の内容は、研修会等の指導講話が主たるものですが、先生のお話はジャンルを問わず、どの分野のご講話も造詣が深く、熱い感動を覚えるのです。

ここではその著書の一端を紹介させていただきます。「私たちは、お互い教職に身を投じた以上、教え子とその父母や地域住民の方々の心の片隅に永遠に生きていく教師でありたい、と願ってやまぬ訳であります。或いはまた、職を同じゅうしている同志や後輩にわが道を受け伝えて、教育者の魂が永遠に生きられるとするならば、これまた喜びに耐えないのであります。

……先輩方が歩んだ後を限りなく継承し、歩き続ける事によって一本の道が生じるのであります。先輩の先生方が日々実践された教育の道、それを継承して三百六十五日、年々歳々歩み続ける事によって教育の道は永遠に存在するのであります。そして後継者によって更に発展させてもらうところに教育は栄えるのであります……。

島崎藤村先生の言葉に、『血につながる故郷、心につながる故郷、言葉につながる故郷』があります。私は郷土に立脚する道徳教育の立場から、藤村先生のこの三つの言葉の上に『土につながる故郷』を加えてみたいと思います。

土につながるということは、自然につながる事であり、風土の中に生きる事であります。血につながるという事は、両親をはじめ、兄弟等、更に近所の方、恩師並びに大衆の人々を意味するのであり、我々は人と人とのつながりにおいて育つのであります。

次に心につながる故郷、これは先祖代々培われてきた郷土の伝統的精神、並びに郷土の情緒に我々はつながっておることを意味するのであります。

さらに言葉につながる故郷、これは先人がうち立てたあらゆる文化、その恩恵を受けて我々の今日があるわけであります。私たちは、これらを受け継ぎ、さらに無限に展開して子孫に残すのが我々の使命であります。……」

高須賀義男先生は昭和四十一年に県教育委員会の義務教育課長を退かれ、翌四十二年から四期十六年間、県議会議員として道前道後水利開発事業、教育問題、東温地区開発問題、子規記念博物館の設立、愛大医学部の誘致等々に御活躍、昭和五十八年に県議をご勇退、その後も様々な会合には積極的に参加され、まさに生涯現役でした。

晩年は、奥様陸子夫人の献身的な介護のもと静かな生活を送っておられましたが、平成十一年一月十日の朝、ご自宅で天寿を全うされたのです。享年九十三歳。

高須賀先生の言葉

- 学校は戦場なり
- 人間の能力の差は小さい、しかし努力の差は大きい

球心機動の精神は、今も県内の多くの先生方によって引き継がれています。

高須賀先生は大正十五年三月、愛媛師範学校二部を卒業。四月より温泉郡余土村（現・松山市）の余土尋常高等小学校（師範学校の代用付属校）に赴任。ここで十二年間勤務、青年教師時代を余土村で過ごされました。当時、余土小学校は郷土教育の研究指定校で昭和五年には「郷土教育の理論と実践」という題で研究発表をされています。

また先生は若いころ余土村青年団の団長兼指導者として多くの青年を導かれました。

ここでは昭和四十年九月、義務教育課長のとき、中堅女子教員研修会で「この道四十年」と題してのご講話を紹介します。

この道四十年（要約）

この度、新学期早々、ご多忙のところ、ご案内に基づき、ご参集いただきまして、主催者として喜びにたえません。

この研修会を持つゆえんのものは、愛媛教育の限りなき発展を図りますためには、どうしても女の先生方に頑張っていただき、学校の推進力になる中心の先生を養成しなければならない。そういうところから、この研修会を持ったわけであります。

さて、今日は随分むずかしい題を与えられまして、「この道四十年」について語れ、ということでございます。実は昨夜、久しぶりに部屋を掃除して落ち着きまして、コオロギの声を聴きながら、机に向かって、きょうお話をしなければならない四十年を回顧いたしました。そして、年表にして、教育界に身を投じてから今日までの主な事柄を書き抜いてみました。充分な時間がございませんが、時間の許す限り私が教育界に身を投じてから今日に至るまでの思い出を皆さんにぶちまけて、私の教育生活の懺悔（ざんげ）をしてみたいと思います。その中に、一つでも皆さんにご参考になりますす点がありますれば、幸いに思う次第であります。虚心坦懐に、恥を忍んで話すことにします。従いまして、皆さん方も、打ちくつろいで、お楽にお聞き願いたいと思います。

余土小学校時代の思い出

昭和と共に私の教育生活が始まりましたが、私の歩んでまいりました時代の背景を考えますと、昭和の時代としての、一大発展を目指しての教育、それは軍国主義と申しましょうか、富国強兵の国策の線にそった教育から始まり、はしなくも戦端を開く事になりました昭和十二年から昭和二十年八月十五日、太平洋戦争の終戦に至るまでの間は、非常時の教育を経験しました。更にその後は、虚脱・混迷の中から再び、祖国の再建・復興を図ろうとする平和な発展の時代に立ったわけでございます。こう考えて見ますと、四十年の教育生活の背景をなすものは、非常に波乱と変化に富んでいると思います。

ところがこの間の教育の私の精神と申しましょうか、教育の原理あるいは方針なるものは一貫しておったと思います。時代と共に、平和なときは平和な教育、非常時においては、非常時の勝つための教育、さらに敗戦後は祖国の復興、続いては新たな近代国家としての教育、こういう風に、その時代時代に即して形はいろいろ変わって参っておりますけれども、根本となる教育に対する考えかた、私の教育や行政に対する精神ならびにその原理、あるいは指導方針、そういうものは一貫しておるように思ったわけでございます。

私は、松山中学から愛媛師範の二部に入りました。たった一年で卒業ですから教育学とか教育心理とかいったものは解からぬ、ことに音楽だとか図画とかいう技能教科はてんで問題にならぬ。一学期二学期と授業を受けましたけれども、ほとんど理解できなかった、成績も非常に悪かったと思います。その点、小学校の高等科から師範学校に入った一部の方たちは師範で四年間、図画や音楽をみっちり勉強して卒業するわけですから二部の者とは全然違っていました。

一月から三月まで、いわゆる三学期は余土小学校で教生実習を行いましたが苦労した事を覚えています。

私が中学生の時、いささか青雲の志を抱いておりました。中学の入学試験で、君は将来何になるつもりか、と尋ねられて、軍人になりたいとか文学博士になりたいとか、そういう事を言った思い出を持っています。

師範では、あっという間に一年が過ぎまして、ろくな勉強もしておりません。しかるに、卒業すると同時に代用付属の訓導として任命を受けた。大きなショックでありました。しかし、任命を受けた限りは、やらねばいかん、もう新任式をした翌日から、教生指導をやらねばいかん、一部の生徒、二部の生徒、入れ替わり立ち代わり教生がやってまいります。自分のクラスに二名ないし三名配置される。その教生を前において、何らかの指導性を持った授業をやらねばいかん、また、指導講話もやらねばいかん、指導講話をやるためには、自分が指導授業をやって見せて、それから講話をやらねばいかん。

初めの間は、教育ということに腹が据わりませんでした。しかしながら、私の性格上、ただ今のことに自分の最善を尽くす、何事に対しても自分の真実を尽くす、という生まれ持った性格から、及ばずながら毎日毎日の教材研究や教壇実践に最善を尽くしてまいりました。また一方には、高等学校から大学へ行って、将来ドクターになってやろうとか、そういう夢は消えなかったのですが、四十数名の子どもをあずかり、毎日教生を前において、子どもと共に学び、かつ遊んでいるうちに、いつの間にか、心の動揺が段々小さくなり、迷いの心が消えてしまって、自分の進む道は教育以外には無いと、腹が据わってまいったのでございます。昨夜も思い出したのですが、私が最初に受け持ったのが、わんぱく盛りの四年の男子、それを五年・六年と持っております。

青山という習字の先生に、色紙に「猛烈」と書いてもらって、それを額に入れ、教室の正面に掲げました。そして子どもと約束しました。先生も若いから猛烈にやる、君らも猛烈にやりたまえ、いっしょに勉強も猛烈にやろう、運動も猛烈にやろう、何をやっても猛烈にやろうと、こう約束をして、教育学や教育心理からいうたら、全く路線からはずれた、脱線した教育でありましたけれども、若い意気に燃えて、子どもと共に猛烈一点張りにやりました。従いまして、授業でも、今考えてみるとほんとにすまんことをした、と思いますが、鐘が鳴っても出さない、自分が予定していると ころまでいかなかったら出さぬ、だから、一時間一時間の切り売りだのというものはありません。その当時、弁当を持ってくる子どもは少ないので、みな自分の家へ食べに帰る。昼休みの時間が一番かわいそうです。その頃はサイレンがなく、十二時にはドンが鳴っていたが、ドーン！　と鳴っても日本史などやりだしたらやめない、理科などやりだしたら徹底的にやった。

昼休みは五十分あったと思いますが、三十分くらいまで切れ込んでやる。もうあと二十分しかない、すんだら、さあいんでこい、走って帰れというので走って帰らせる。子どもは駆け足で帰って、お茶づけをかき込んで、また駆けて学校へ来るものですから横腹が痛くなる。それで、先生横腹が痛い、という子がたくさんいました。実に無鉄砲なことをやったものだと反省しております。

放課後は、どろんこになって、日が暮れるまで子どもたちとキックボールとかドッジボールなどをしました。夜は、食事がすみますと、近所の子どもが「先生、先生」と言って遊びに来る。そしていっしょにお菓子を食べたり、お茶をもらいに行くのがおっくうですから、水を飲んですましたりしました。六年生で上級学校に行く子には、課外授業をやりましたが、夜、私の所へ来る遠方の子は、いっしょに一つのふとんで寝ました。私が留守をしている間に、子どもたちがやって来て、のけておったお菓子を出して、きれいにたいらげている。またワイワイさわいで畳の座が抜けてしまった、というようなこともありました。

まあそういうことで、子どもと共に解け合ってしもうて、いつの間にか教育の道にまっしぐらに歩むようになってきたのでございます。

教育の精神としては、猛烈の精神、徹底の精神、そして、いつでも誰にでも、何事でも自分のベストを尽くす、自分の真実を尽くす、こういうことをやってきたように思うのであります。

教育の原理としましては、次のような事が考えられていました。その当時、余土小学校は代用付属でございましたから、全県からよりすぐった偉い先輩が来ておりました。そして女子師範・男子師範と余土の代用付属の三つが交互に、今でいう教研大会なるものを持っておりました。したがって、理論もずい分やかましかった。また、教壇実践も徹底的にやらされました。その時の余土の教育の原理は、児童凝視、一人一人の子どもを見つめるということ。郷土に立脚するということ、農村であれば農村、都会であれば都会、その郷土に立った教育をしなければならぬ。

それから勤労の重視、余土は模範村でありまして、その模範村のできた所以のもの、伝統精神という中に勤労というものがあった、それを教育の上に取り入れて勤労の精神、「児童凝視・郷土立脚・勤労重視」この三つを余土付属の教育の原理として実践をしたわけでございます。これが後に展開されていきまして、児童凝視の教育は個に徹する教育という表現になり、郷土に立脚する教育は後に全村教育になり、勤労重視の教育は、実践の教育に発展をしたわけでございます。

私は、そういう中で先輩から鍛えられましたので、一々これ抵抗でありました。一時間といえども油断がならぬ、そこでこの四十年間を考えてみますと、卒業した年から、毎日抵抗の教育生活であった、研修の生活であった、精進努力の生活であった、こういうことが言えると思うのであります。

初一本の教育

そこで、どのような教育の展開をやったかと申しますと、私が校長になりましたのは、昭和十八年、年が三十六歳の時で、このときはまだ独身でした。

そのころは非常時でありまして、あくまでも戦争に勝たなければならない、その時の教育が、凝(ぎょう)と発の教育。「凝」とは「こる」ことです。肩がこるとか、いちずにものにこる、とかいうときの凝(こ)るであります。

「発」というのは、出発の発。凝と発の教育。もう一つは「初一本」の教育、初めの一念を貫く教育、一本勝負の真剣必死の教育、これが私の非常時における教育でした。根本は児童凝視、郷土立脚、勤労重視という原理をふまえながら、いよいよ実践の場におきましては初一本の教育であり、凝と発の教育ということをやったわけであります。

初一本の教育というのは、何でも真剣必死、一発でやってのけるという教育であります。字を書いても、板書しても、書いては消し、書いては消しするのではなくて、一点一画をゆるがせにしないで、いっぺんでパッと書けるように、子どもたちにもそのように要求を致しました。何をやっても、周到な計画と準備のもとに、「パー」と全力主義でやって、やりかえをせぬ、一発にやってしまいます。したがって、朝礼等におきましても、上半身はだかで一メートルの竹を皆に持たして、気魄を錬る教育をやる。皆鉢巻をしめて、私も木剣をさして、そして壇上に立って激励したのです。

凝と発の教育

凝と発の教育というのはどういうことなのかというと、これは藤田東湖先生の「正気の歌」からヒントを得たわけでございます。ご承知のように水戸の精神、勤皇精神の淵源をなすものは、藤田東湖先生の教えでありますが、その藤田東湖先生の「正気の歌」の中に「凝っては百錬の鉄となり、発しては万朶の桜となる」、という言葉があります。「天地正大の気……」というところから、ずうっと読みますと、気魄がおのずから胸に満ち満ちてきます。その中にある言葉の「凝っては百錬の鉄となり、発しては万朶の桜となる」という言葉のそれぞれいちばん上の字を取って「凝と発の教育」と申しました。

戦時中でありましたから、今こそ鍛えに鍛え、学力なり、体力なり、そういう力が国を守るために勝つために出し切らねばいかん、今こそ力を出すべき実力を出すべき時である。すなわち、発しては、万朶の桜となる。一年間ずっと培ってきたのを桜のつぼみがパーとひと時に、ひと目千本というふうに見事に咲きほこるがごとく、内なる力を出し切って勝たねばならんということで、発の教育を考えたわけであります。

「凝と発の教育」と、先ほど申しました「初一本の教育」とは全く表裏一体をなすものであって、一つのものであります。真剣必死の鍛錬の教育、そして、つけた実力を充分に出し切るという教育を当時の先生方と心を一つにしてやりました。

この「凝と発の教育」は、今の時代にも展開ができるのではないかと思います。私は余土小学校で鍛えられて、児童凝視の教育は個に徹する教育となり、今日におきましては、能力特性に応ずる教育と発展してまいりました。郷土に立脚する教育は、後に余土村の全村教育となり、今日において、再び郷土に立脚する教育として脚光をあびております。

勤労重視の教育は、今日私どもが期待します鍛錬の教育、新しい労作的教育ということに生きるのではないでしょうか。そうすると、私の四十年間の教育を振り返ってみますと、卒業当時の教育の精神、教育の原理なるものが、一貫して現在に続いている。敗戦直後は虚脱混迷に陥りましたけれども、日本の国の発展を思うときに、教育の精神、教育の原理なるものは再び復活しつつあるのではなかろうか、こう考えまして、私のささやかな経験に立って、今日皆さん方に、能力特性に応ずる教育、郷土に立脚する教育、抵抗鍛錬の教育、凝と発の教育等々、更にそれを貫く真実と最善を尽くすという教育精神をもって、現場の学校の皆さん方に、愛媛の教育の後継者に訴えておるわけでございます。

波乱の四十年

四十年間まっしぐらに驀進（ばくしん）したように見えますけれども、細かく反省してみますと、紆余（うよ）曲折があり、波乱に富んだ四十年であります。その具体的な幾つかの例を申し上げます。

毎日が抵抗の連続であったと申しましたが、教生を前において、教生指導をしなければならない、これは大きな抵抗でありました。それから余土小を離れ、再び余土へ帰ってきた昭和十五年、そのときには、余土村の青年団長をやっておりました。昼間は子どもと共に精魂を尽くしたあげくに夜は青年と語り合い、青年を率いて立つと言うことは、なかなか苦しかったのでありますが、大いに青年の士気を鼓舞することに努めたわけでございます。

それから、私が校長になった年、その当時の温泉郡教育部会から体育部長を命ぜられました。私はそれを受けた時に針の山へ追い上げられたような気がしました。これは若い校長に、やれるかやれんか、ひとつやらしてみてやれ、と私を針の山へ追い上げたのに違いない、と考えまして、ようし！　なにが何でもやり抜かにゃいかん、と歯をかみしめました。そして体育部長をやったのでありますが、たくさんやる必要はない、一本主義、何か一つパァー！　とやったれ、こう考えまして、私が出したアイディアは何であるかと申しますと、同志的合宿研修であります。温泉郡には部会が幾つかありましたが、そこから体育のベテランを二人ずつ出して、約二十人ばかりの組織を作りました。池内正則さんという人が体育の指導員でしたが、その人を私がうまく活用して、毎月、その月の終わりの土曜日の午後に集まることにしました。戦時中でありましたからお米を持ってくる。私が部長でしたから鶏一羽と酒一本出す、学校に集まりまして、まずその月の努力目標をどこまで達したかということの反省をやり、来月はどういう種目を重点的にやるかということを決めるために協議をいたします。それが済みますと、一杯かたむけて、皆ざこ寝で寝物語をして一夜を明かしました。

翌朝は暗いうちに起きて、氏神様へ駆け足で行き、戻ってきて、朝ごはんを食べるまでに徒手体操を、低学年・中学年・高学年全部やってしまう。食事が済みますと、近くの子ども達にきてもらって、模範授業をやって見せる。その地域の人にも集まってもらって、それを見てもらう。それから来月の努力目標はどういう種目か、倒立転回なら倒立転回、懸垂なら懸垂、その種目について、そのグループの中から指導者が当番で出まして、その技術の指導をやり、来月の重点種目にそなえました。

それから指導者になるためには、検定制を設けたのです。各運動種目で、高度なものを選って十ほど決めておりました。それを検定にパスしなければ指導者になる資格はない、ということで申し合わせをして、昼休みに全員の者が見ておる前で実技をやる、そうして、全員の者が合格と言わなければ、もう一カ月練習したまえ、ということになる。そして全種目が通らねばいかぬようにしました。そういうふうにしたことが、温泉郡全体の体育のレベルが上がり、当時海軍の査閲がありましても、また視学の査閲がありましてもどこの学校も満点だ、と言われたのであります。

それから抵抗の思い出といたしましては、吉井中学のときのことです。教頭さんがあまりにも革新的で、問題を起こしまして、教育委員からお叱りを受ける、懲罰を受けるということになりましたので、校長としての責任を感じまして、何とかして救わねばならん、委員会はもう辞めさすというにちがいない、それを救うには、校長自身、もし教頭を辞めさそうとするのなら、校長の首をはねてからやってくれ、と申し出なければならんと考えまして、辞表をちゃんと懐にして委員会に臨みました。

その時に、委員長が、校長にも責任がある、というような発言をしましたので、教頭さんを救おうと考えておったその辞表を、そんなに同僚の先生から信望がないとおっしゃるのなら調べてください、ご免くださ い、と言って、教頭を救うための辞表を、自分が責任を取るということで、パァッと出しました。そしたら、委員会が沸騰いたしまして、休みの日にも先生を一人一人呼び出して、校長をどう思うか、ということの諮問があったようであります。そしたら、全員が信頼している、という結果になりました。それで委員会から、校長さん、辞めてもらっては困る、と言われ、私は思い直して職に戻ったことがございます。これも大きな抵抗の一つでした。

それから大きいのは学力テスト紛争であります。現場の学校で不正があったとか無かったとか、県議会で問題になりました。とうとう特別調査委員会まで設置して、調査の結果、不正なしという結論になりました。これも、直接は委員会の責任であり、教育長がご苦労なさったのでありますけれども、それの補佐の任にある私としては、心胆をくだいたわけでございます。

これらは大きな抵抗でありました。教生の前で授業するとか、指導講話をするとかいうような、あるいは研究大会で授業するとか、あるいは発表するとかいうことも、これも教育上の抵抗でありますけれども、それ以外に、どうしても教育を守らねばいかぬ教育者の権威を守りぬかなければいけない、という時には辞表をたたきつけました。そういうことが二回にも及んでおります。そういう波乱万丈の四十年でありました。

感謝の心を持って

このように四十年間一貫してやれたのは、健康に恵まれておったこと、家族が皆健康であって、家庭のことに気を取られずに打ち込む事ができたこと、環境が余土という立派な村で教育の進んだところ、しかも私が下宿させてもらってお世話をいただいた森庄之助という銀行の支配人老夫妻が、実に立派な人で、格別教えられたわけではありませんが、無言の感化を受けました。最も感受性の強いときの、この老夫婦の薫陶なるものは、私に最も大いなる力を与えてくださったと思います。恩師・先輩・友人にも、非常に立派な方々を得ることができました。

私は、この間にあって、やるべき平凡なことに真実と最善を尽くそうと、日々神仏に祈り、かつ誓って実践をしたのに過ぎないのであります。川内の先輩の村長さんで近藤金四郎という人の「それは天に預けおけ」というステッキの銘がありますが、私は、そのように、自分の使命に向かって、平凡に真実と最善を尽くし、すべてを天に預けて、そのまま今日まで来たに過ぎないのでございます。

このあいだ、交通事故にあいまして、先輩・恩師・友人等から、一カ月余りの入院のあいだに、沢山のお見舞いがございました。ベッドで、私は、すまないと思いますと同時に、感謝、感激をいたしました。その中には、はるばる訪ねて来てくれた教え子がたくさんありました。よくも教育界に身を投じたと、教育者になった喜びをしみじみ感じました。同時に、余命いくばくもございませんけれども、最後まで、いうならば教育界を去ってから後も、教育のために生き抜かなければならない、尽くさなければならんということを決意したわけでございます。

私は、漱石の「月落ちて天を離れず」という書を愛玩いたしておりますが、月が落ちても天から離れないで余光を放っておるがごとく、生涯をかけて愛媛教育のために尽くして行きたい、こういう気持ちを持っておる次第でございます。

四十年間のことを話すように、ということでしたが、まだまだ心残りの点があります。一部を話してお話して、お耳をけがしたような次第であります。

（昭和四十年九月六日中堅女子教員研修会の講演）

高須賀先生は、大正十五年（昭和元年）愛媛師範を卒業。温泉郡余土村余土尋常高等小学校に赴任。ここで十二年間勤務、転任に当たって当時の余土村の村長から次頁のような表彰状を受けておられる。

この表彰状は、旧字体が使われ読みづらいところがありますので、新仮名遣い風に直しています。

表　彰　状

元余土尋常高等小学校教諭

高須賀　義男君

あなたは昭和元年四月本村小学校の訓導として奉職以来十二年この間粉骨砕身児童の訓育と全村の教化に当られました。このことは全村民等しく敬仰するところであります。

資性も温厚篤実にして常に修養に励み剛毅にして所信を遂行するに当っては周到で渾身の力を発揮し寝食を忘れて児童並びに青年の訓育に全力を尽くしその傍ら余力を割いて本村の実相を探り郷土の史実を研鑽して郷土教育の基本完成に協力し斯業に貢献されたこと等その功績に顕著なるもの

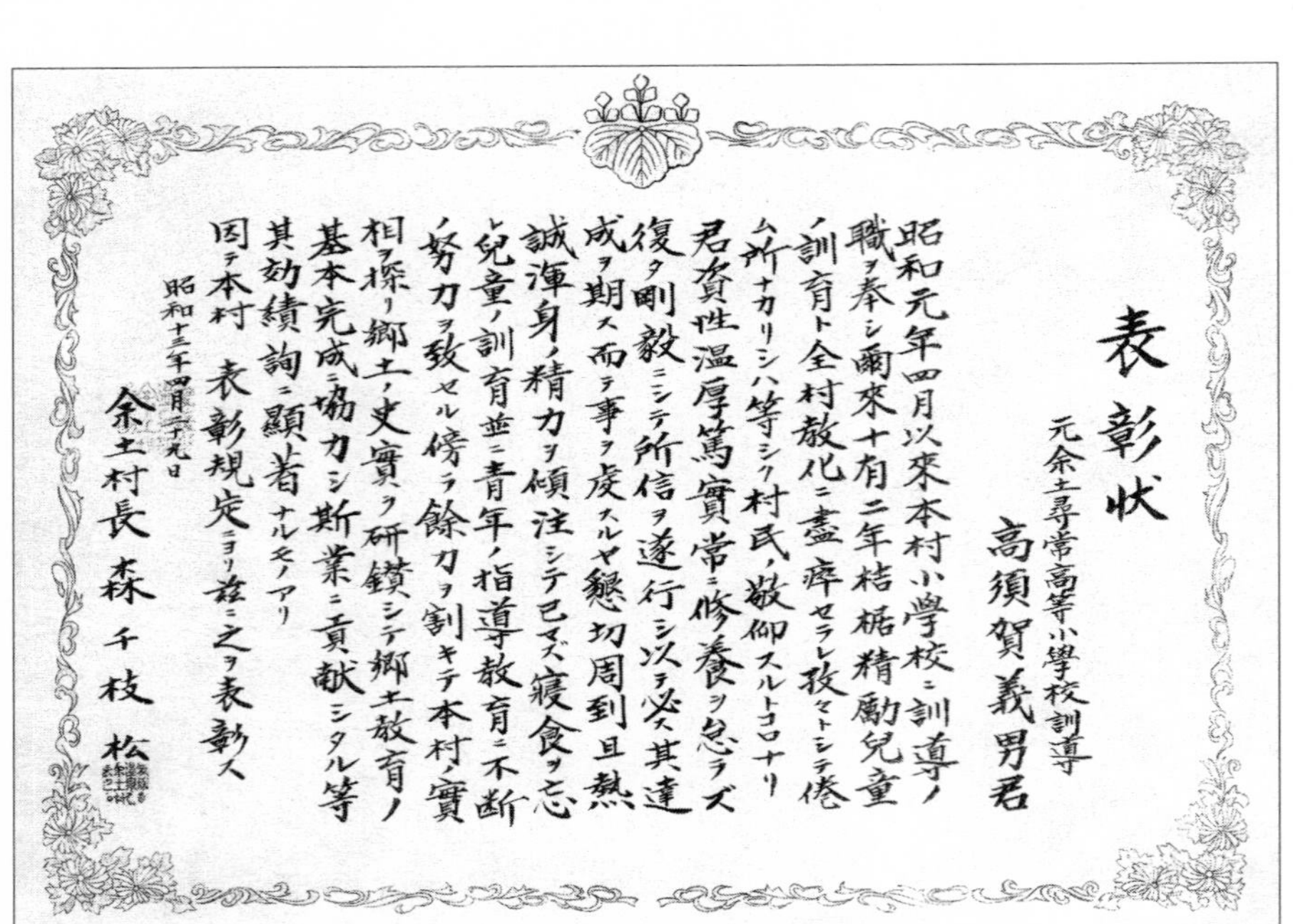

表彰状

元余土尋常高等小學校訓導

高須賀義男君

昭和元年四月以來本村小學校ニ訓導ノ職ヲ奉シ爾來十有二年拮据精勵兒童ノ訓育ト全村敎化ニ盡瘁セラレ孜々トシテ倦ム所ナカリシハ等シク村民ノ敬仰スルトコロナリ君資性温厚篤實常ニ修養ヲ怠ラズ復タ剛毅ニシテ所信ヲ遂行シ以テ必ズ其達成ヲ期ス而テ事ヲ處スルヤ懇切周到且熱誠渾身ノ精力ヲ傾注シテ已マズ寢食ヲ忘レ兒童ノ訓育並ニ青年ノ指導敎育ニ不斷ノ努力ヲ致セル傍ラ餘力ヲ割キテ本村ノ實相ヲ探リ郷土ノ史實ヲ研鑽シテ郷土敎育ノ基本完成ニ協力シ斯業ニ貢獻シタル等其効績詢ニ顯著ナルモノアリ因テ本村表彰規定ニヨリ玆ニ之ヲ表彰ス

昭和十三年四月二十九日

余土村長　森千枝松

がありました。

よって本村表彰規定によりここに表彰します

昭和十三年四月二十九日

余土村長　森　千枝松

高須賀義男先生の略歴

明治四十年一月十日　温泉郡川上村南方（東温市南方）

出身

川上小学校・松山中学・愛媛師範二部卒業

職歴

温泉郡余土村余土尋常高等小学校

同　三内村東谷尋常高等小学校

余土尋常高等小学校・余土国民学校長

愛媛県視学　宇摩郡地方事務所勤務

愛媛県庁　内務部教育課・教育民生部教育課

教育委員会教育長室・同職員課主任

同調査課長・県立教育研究所

温泉郡吉井中学（現重信中学校）校長

温泉郡川内中学校長

松山教育事務所長
昭和四十一年　義務教育課長退任
愛媛県議会議員四期十六年
昭和五十五年地方自治の功績で勲四等瑞宝章受賞
平成十一年一月十日逝去　九十三歳

高須賀義男先生を偲んで

上甲　修

先生は松山中学時代、野球部に所属、練習中に硬式のボールが片方の眼を直撃、以来片方は失明に近い状態だと、奥様の陸子夫人からお聞きしました。それで先生は、生涯大きなハンデを背負われての生活だったのです。先生は若いころ、話し方（弁論）の通信教育を受けて勉強されています。

先生は教育行政に通算十数年携わっておられました。昭和二十年、視学として宇摩郡（四国中央市の一部）に赴任。当時は交通事情も悪かったので、赴任先とご自宅の往き帰りは、いつも自転車を利用されたそうです。旧国道十一号線を桜三里の峠を越え、片道半日ほどかかったと言われました。それでも自宅から松山へ出て、松山から汽車で行くより時間的に早く目的地に着いたそうです。

先生の著書、「球心機動・高須賀義男教育論集」はあらゆる教育内容が含まれています。様々なジャンルにわたる基調講演には、ただただ頭が下がるばかりです。先生の一生は、まさに研修と修養の連続でした。

先人の足跡

八木　茂先生

心に残る餞の言葉と訓話

昭和四十三年四月、私は温泉郡（東温市）の重信中学校に赴任。その時の校長先生が、八木茂先生でした。八木茂先生のお話は、いつ聴いても感銘を受けることが多かったのですが、なかでも卒業式での気迫あふれる全身全霊を傾けての餞の言葉は、聴く者をして、いつの間にか深い感動の渦に巻き込まれたのです。

格調高いこの餞の言葉は昭和四十五年三月十七日、八木校長が卒業式で述べられた式辞です。

餞の言葉

二百八十八名の皆さん、道元禅師は本来の面目という題で「春は花　夏ほととぎす　秋は月　冬雪冴えて涼しかりける」と詠じられた。

諸君は本校に入学以来すでに星霜経ること三度に満ち、本日ただ今、蛍雪の功なって卒業の栄誉を得られた。誠におめでとうございます。しかし、悲しみも喜びも共にした友達と、苦楽を分かち合った先生方との惜別の情は耐え難いほどに深いものがあります。

幸いにも愛媛県教育界の大先覚者、故山路一遊先生以来のシセンラン一鉢を、八木繁一先生から戴いて育てること十八年、きょう諸君の門出を祝福するこの場を飾ることが出来たので、いささか別離の情を慰めるものがあります。

さて、卒業生諸君、胸を張って私の母校は「重信中学校」と言ってくれたまえ。重中はいささか変わった学校ではあったけれども。雨が降り出しても傘は無かった。傘が買えなかったからではありません。生徒会には会則がない、会則をつくる力が無かったからではない。月に一週間はチャイムが鳴らない。チャイムが壊れたからではない。毎日続けてきた校内マラソン（ファインマラソン）は、めいめいが自分で距離を決めて走るのであった。これらは全て自主独立の精神を体得する場であった。

夏休みには「母親に五日の休暇をあげよう」とか「父親との仕事競争」とか「お年寄りのお話の収録」とかいった参考書のない宿題が出た。キャンプ訓練や修学旅行、生徒会やクラブ活動は、楽しむことや勝つことよりも友情を温め、これを一生の宝として身につけることであった。その成果は体育祭、文化祭であって、相原正一郎先生の厳しい批判を充分に受けられる香りの高いものであった。郡大会・県大会の輝かしい成果も、互いに磨いたその友情の賜物であった。

易経に「二人心を同じくすれば、その利こと金を絶つ、心を同じくする者の言、その臭は蘭の如し。」とある。これは「金蘭の契り、その友情は香気に香る蘭のようだ。」という意味ですが、誠にその実践でありました。また正月には我が家の一年の計に参画し、自分の一年の目標を定めて両親にこれを宣言し、価値高いこの一年を出発することが冬休みの宿題でありました。

学校へ行かせていただくのは福沢諭吉先生の教え「世の中で一番楽しく立派なことは、生涯を貫く仕事を持つこと。」にのっとり、我が生涯の仕事を選び、社会のために働き、親に孝養を尽くす人になる為でありました。

二百八十八名の諸君は、三カ年よくぞ労苦に耐え、頑張ってくれました。諸君のような若くて元気で明るい 希望に満ちた跡継ぎが、このように育って皆さんのご両親も町長さんもさぞかしお喜びであろうと思います。

さて、諸君の門出を祝って三つの言葉を贈ります。

一つ、恩を忘れず、恩に報いる行動をしてほしい。

恩知らずは犬猫にも劣ります。「爪の上の土よりも大地の土が多い。大地の土のように天地宇宙には、数限りもない衆生（しゅじょう）（生き物）がいる。その中で人間としてこの世に生まれ出るものは、爪の上の土ほどしかない。」とお釈迦様は教えられた。

山本玄峰老師は、両親を知らぬ捨てられた子でありました。十九歳のとき眼を患い、全く見えないというほどの不仕合わせを背負いました。しかし刻苦勉励、己れを磨き、遂に日本禅学会の大長老となり、迷える子女を救済する出家、お坊さんとして九十六歳の生涯を静岡の竜沢寺で終えられました。

四年掛かってコンサイス大英和辞典の点訳の偉業を成し遂げたのは、堺市に住んでおられる眼の見えない南秋子さんでした。友近君もルドルフさんも幼少の時、小児麻痺にかかりました。しかし友近君は、水泳の愛媛県代表選手となり、ルドルフさんは、ローマオリンピックで金メダル四つを取るほどの人になりました。よく見える眼、よく聞こえる耳、よく動く手足、五体そろって人間として生まれたことは、まこと有難いことです。十五年の長きにわたって諸君を守り育ててくださったご両親、我が命に代えても諸君を守ろうとなさるご両親の恩を忘れてはなりません。世界の何十億という人々の中で、父と呼び母と呼んで甘えられる人は外には無いのです。

諸君の眼が正邪を見分ける眼に、その耳が善悪を聞き分ける耳に益々磨きましょう。諸君の手足は鍛えればいくらでも強く、練習すればどんな技術も習える手足です。また勉強すれば、どこまでも伸びる頭脳の働きを持っています。甘え心、怠け心、わがまま心に負けて、遊びたい心だけを太らせる事は人としての道ではありません。恩を知ることは、人の道への第一歩であります。

二つ、学問を一生お続けなさい。

「小にして学べば、即ち壮にして成すことあり、壮にして学べば即ち老いて衰えず、老いて学べば即ち死して朽ちず」これは幕末の大学者佐藤一斎先生の教えです。

私たちの国日本は、百年前世界に類例のない明治維新の偉業をなし遂げました。また二五年前には、先の太平洋戦争に敗れ、有史以来の苦難の時代を迎えました。この災いを転じて福となし、今やわが国の総生産は、自由世界の第二位、二十一世紀は日本の世紀になるだろうと言われています。これらの偉業は、すべて諸君の私たちの祖先、祖父祖母そしてお父さんお母さん達の勤勉と努力のお陰であります。このお陰で諸君は豊かで楽しい少年時代を送ることが出来たのです。今なお学ぶに学校のない国、歩くのに靴のない国、食糧のない飢えと病気に苦しむ国さえあります。

何百年、何千年もかかって子孫が飢えぬようにと田畑を開き、水利の池、泉を掘り、生活を豊かにする工場をつくってきた祖先のご苦労を思う時、涙なしにこの恩恵を受けることは出来ません。日本人の勤勉と努力は世界に聞こえています。これを受け継がねばこの幸せをもち続けることは出来ません。

しかし今日のこの繁栄と発展は、あまりに急速、短期間で成されましたので無理もありました。交通事故や公害がそれです。わが国だけではなく、世界の先進国は全てこのことで悩んでいます。これらの問題を解決して災いを転じて福にすることや世界の悩める人々を救い、共に楽しむ世界を築くためには若い力が必要です。勤勉と努力は生涯なすべきこと、この道こそ諸君が不朽の人となる道でもあります。

三つ、人を信じ人に信頼される人になることが大切です。

親鸞聖人は法然上人を、法然上人は禅堂大師を、禅堂大師は釈尊を信じきりました。信じきったがゆえに何百万、何千万の悩める子女を救うことが出来ました。またその魂は今に生きて働き続けておられます。世間には、美しい着物を着ること、お金を沢山持つことを幸せと思っている人もありましょうが最高の幸せとは思われません。

幸福とは、笑顔で挨拶を交わす人を数限りなく沢山持っている事だと思います。お互いに信じ合う心こそ笑顔のもとでありますから、その為には人々に親切を尽くし、社会に奉仕の誠を尽くさなければなりません。その功徳（くどく）を一日一日積み重ねた人が、真の仕合わせをつかむ事が出来るのです。人を憎み、人をうらやみ、人をねたみ、人をそしる者は笑顔の人に会うことはないと思うのです。そのような人に心の安らぎがあろうはずがありません。

愛媛県の大先輩、矢内原忠雄先生は昭和十二年の暮れ、真理と正義のため心ならずも東京大学の職を辞するのやむなきに至りました。先生は最後の講義の終わりに「私は肉体を滅ぼして魂を滅ぼすことの出来ないものを恐れもしなければ憎みもうらみもしない。ただし肉体ばかり太って魂のやせた人間を軽蔑する。諸君はそのような人間にならないように。」この一言をおっしゃるのに矢内原先生がどんな勇気を持っておられたかは私どもには計り知るよしもありません。しかし、この勇気を矢内原先生に与えられ、先生の真理を愛し誠意を尽くす精神を守らせたのはイエス・キリストであった事はよく分かります。先生は厚い信仰者でありました。

寝ても覚めても自分の子どものことを思ってくれる親を信ずる事さえ出来ぬ人は、不幸せの極みだと私は思うのです。信ずべき人を信じ、心の中に理想の神を持ち、お互いに信頼しあって心豊かな人生を創造しようではありませんか。

皆さんのお家にも、またお隣にも澄み切った大慈悲の眼を持って魂の豊かな人生を歩んでいられる人々が沢山おられます。心の眼をしっかり開きましょう。

最後に私は五十八歳の春を迎えました。今はない私の母、貧しかった母が仕事に追われながらも、いつの間にか作っていて四季折々に食べさせてくれた料理の味を忘れることは出来ません。遠足のにぎりめし、春タカナ漬け、夏ナスのぬか味噌漬け、ドジョウ汁、秋干し柿、冬ウリの味噌漬け。丁度お彼岸でもあります。私は今日の卒業式を先祖に報告し、お礼を申します。皆さんも今日お家に帰ったら御先祖様に卒業の報告を怠らぬように。諸君の前途の栄光を祈ります。

○　○　○　○

八木先生はこの日から数カ月後、体調を崩され入院、翌年の五月十四日、多くの人に惜しまれながら永遠の旅路へと旅立って行かれたのでした（享年六十歳）。

八木先生の訓話等

○三カ月の継続

私たちは事を始めても長続きしないことが多い。駄目だと思っても最低三カ月は何が何でもやりとうして三カ月経ったら反省して改善するなり、また別の方法でトライするのです。

○心の眼

校長室の北側の廊下の壁に「必ず隣にあり」という額が掲げてある。説明はその下に書いてあります。

この額をお書きになった方は、森恒太郎さんという方です（森盲天外）。この方は三十三歳のとき眼が見えなくなったのです。その見えない眼であれだけの立派な字をお書きになった。言葉は論語の中から選ばれたものであります。

眼が見えないということは形が見えない、色が分からないということであるけれども物事や真実を見通す眼は心の眼であって、立派なお仕事をされたのです。

余土村（松山市余土）を日本一の村に作り上げられたのも森盲天外さんであるし、また愛媛県に初めて盲唖学校をつくられ、眼の見えない人のため明治四十年に学校をつくられたのも森盲天外さんでありました。

眼がよく見える人ほど間違ったことを正しいと思い込むことがある。私達もよく心がけて口先にとらわれず正しい真実を見抜く力を養うように。

（昭和四十四年九月二十九日）

○　○　○　○　○

森　盲天外（森　恒太郎氏）略歴

元治元年（一八六四年）温泉郡西余土村（松山市余土）の庄屋、森謙蔵の長男として出生

勝山小学校、県立変則中学校（松山中学の前身）に進学、自由民権論者、中村敬宇の私塾「同人社」に学ぶ

明治二十一年（二十五歳）改進党支部を設立、予讃新報（後の愛媛新聞）を創刊

明治二十三年（二十七歳）最初の県議会議員に当選　地方自治に貢献

明治二十九年（三十三歳）両眼ともに失明（これより盲天外の号）

明治三十一年（三十五歳）盲目にして余土村長に選ばれる（全国ただ一人）。以後十年間、新しい村づくりのために心血を注ぎ、余土村を日本一の模範村にする。

明治四十年（四十四歳）村長を辞するとき贈られた退職金を寄付して愛媛盲唖学校を創設

大正十三年（六十一歳）道後に天心園（塾）を開き、青少年の指導、社会教育に尽力

昭和六年（六十七歳）再び県会議員

昭和七年（六十八歳）道後湯之町町長

昭和九年四月七日　逝去（七十一歳）

森恒太郎氏の名声を一段と高めたのは、余土村の村長のとき、綿密な実態調査に基づき作成した「余土村是」。明治三十六年、大阪で開かれた勧業博覧会に応募して一等賞を獲得し、全国の注目を集めた。内容は、実践にもとづく村人のよい習慣づくり、勤倹貯蓄、肥料などの共同購入、小作人の保護、耕地の改良、青少年の教育、副業の奨励が柱だったという。

著書には「一粒米」「義農作兵衛」等がある。なお出身地の余土小学校には森恒太郎氏を称える記念碑が校庭に建っている。

論語

孔子の言行録を声に出して読む「素読」が地域、学校で広がり、子ども向けの解説本が今、ベストセラーになっているという。

子曰く「徳は孤ならず　必ず隣有り」

徳を身に着けた人は、一人ぼっちにはならない。近くに住んで親しくしてくれる人がきっと現れるのだ。

子曰く「性　相近し　習い　相遠し」

人の生まれつきは、誰も似たりよったりで大きな差はない。生れた後の習慣や学習の違いで差が開くのだ。

子曰く「故きを温ねて新しきを知れば　以て師と為るべし」

昔の人の教えや過去の事を学習し、そこから新しい考えかたや取り組みかたを見つけられれば、人を教える先生になれる。

○　○　○　○　○

○花を咲かせる

今年は不思議な事に桃の花も桜の花も一度にパッと咲いた。まさに春爛漫、野山は花で一杯である。花は誰が見ても美しく清潔な感じを与える。このような立派な花が咲くためには、樹木は前の年、即ち昨年の夏の厳しい暑さに耐えてエネルギーを貯え、また冬の寒さにも耐え、暖かい春の訪れを待って、一斉に美しい花を咲かせ、実を結ぶのである。

夏の暑さと冬の寒さに負けた樹木は、花を咲かせるだけの力はなく、枯れるのを待つばかりである。

人間も例外ではない。私たちが目標を持ち、それに向かって進むときは、数限りない問題、課題を次々と解決していかなければならない。

解決していく力の一つは体力であり、もう一つは学力である。学力と体力は、一朝一夕で備わるものではない。諸君ひとり一人の日々の努力が学力となり、体力となって蓄積される。

これが三年生にとっては、来年三月の就職試験や高校入試の際において大きな力となり、花となって咲くのである。このことから毎日の自分の行動を常に反省して基礎力を貯えてほしい。

（昭和四十四年四月十四日）

○手と足を働かせ

良い気候になった。みんなは自分の手や足を充分に働かせているだろうか。ちょっと考えてほしい。私たちが手足を精一杯、しかも上手に働かせることは中々出来ないものである。正しく歩くことは難しい。

足を働かすことは、正しく歩くことから始まる。正しく歩くことの出来ない男の子は、近い将来スタイルのよい、かっこよい青年になることは出来ない。また上手な歩き方の出来ない女の子は、今流行のミニスカートをはいた場合に大変見苦しく下品に見えるであろう。手は足と同様に大切なものであるが、美味しいものを食べる時にだけ手を働かせるのでは困る。それはドロボーをするとか、人をいじめるような事には絶対使ってはならない。私たちは悪いことをするために手を親から授かっているのではない。

きょう私が皆さんに言いたいのは、私たちが持っている立派な両手を勉強にもっともっと働かせてほしい、ということである。手を働かせる、それは皆さんにとっては文字を書くことから始まると思う。正しく歩くことや正しいランニングによって足腰をきたえ、手は書くことによって働かせてほしい。

（昭和四十四年五月一日）

○交通安全

最近の報道によると、この日本の国において交通事故で死ぬ人の数が一日平均三十九名、約四十名ということである。この四十名という数字をこの学校に当てはめたらどうなるか。毎日一学級の生徒が死んで二十日たてば八百十八名の生徒全員がほとんど死んでしまうのである。

歩行者は右、車は左の原則を日々守っているか振り返ってみてもらいたい。踏切や横断歩道ではいったん停車をして左右を確かめてから渡っているだろうか。昨日の新聞によると大阪で二十歳になる娘さんが電車の踏切で開閉機が上がったので渡ろうとした途端に、走ってきた電車にはねられ亡くなったという記事がでていた。

開閉機は踏切番の人の過ちによって上げてはならない時に上がったというのである。このような例もあるのであるから、電車の踏切においても横断歩道でも必ず左右を見て、安全を確かめてから渡ってほしい。不注意な人ほど知らず知らずに危険な道を歩むことになる。

時々廊下を走っている人を見かけることがある。走らなくてもよいのに走っているのではないかと思う。廊下を走る人は、本当に急いで走らなければならないような時には、走ることの出来ない人ではないかと思う。学校では大勢の人が一緒に生活をしているのだから廊下と廊下が交わる所では、他の友達と衝突する恐れもある。他人に迷惑を掛けないで自分の命を大切にする習慣を身につけてほしい。

（昭和四十四年五月十五日）

○アポロ十号の成功

アポロ十号の成功で一週間あれば、月の周囲を回って地球へ帰れる時代となった。この宇宙船の部品を造ったり、また宇宙船に関係のある仕事をする人を含めると三十万人から五十万人が働いていると言われる。こんなに多くの人達の仕事の一つ一つが完全で、きちんとしていないと月世界の探検は出来ないのです。

このことは、諸君の勉強でも同じです。寝そべったり、布団の中に入って勉強するようでは、よい勉強の仕方とはとても言えません。中途半端なやり方では、とてもよい結果は生まれません。

学校で学ぶことを本当に自分のものにするには、立派な学習態度と気力が必要だと思います。何でも知っている、分かっている、と言うだけでは駄目です。常に態度で表すよう毎日頑張ってほしいと思います。

（昭和四十四年五月二十二日）

○欠席ゼロ

先月の下旬に全校で一人も欠席をしないという日が三回あった。五月の二十一日、二十三日それと二十七日である。これらの日は全校八百十八名の生徒全員が出席をした。八百名からの生徒が一人も休まないということは、なかなか出来ない事である。全国的にも珍しい事ではないかと思う。みんながとても健康であるという事はこれで大体分かった。しかし人間健康であるというだけでは、まだ充分でない。みんなは、ひとり一人きちんとした服装をしているが、問題はうわべよりも中身が大切である。自分で自分の身体を鍛えているか、掃除の時間にみんなが一生懸命仕事をしているのに、自分だけボサボサしたり、今は農繁期でお父さんやお母さんは大変忙しい毎日を送っておられるのに自分ひとりは、何もせずブラブラしていないか反省してもらいたい。健康には更に気をつけ、太ったブタでなくて、走って走って鍛え抜かれた、すばらしい筋肉を持つカモシカのような身体になってほしい。

（昭和四十四年六月九日）

○月面着陸

けさの報道によると、アメリカのアポロ十一号が月の表面に降りたようである。二人の飛行士は、今は飛行船の中ですが、二時間目の授業の終わりごろには月着陸船から降りて、月の表面を歩いて、そこへ観測機械を据え付けたり、月をつくっている土や石などを取って、地球に持って帰るそうです。月の表面からは刻々と情報が伝えられております。今日、皆さんが家に帰ったら、テレビ、ラジオでこのニュースをよく見るように。また今日から明日にかけての新聞についても詳しく見ておくように。

このアポロ計画を始めてから約五年あまり、その間数十万人の技術者、科学者が研究に研究を重ね、用意を整え、これに乗って行く飛行士の体力を鍛え、絶対に失敗しないように準備してきたのです。それにもかかわらず一度は失敗して三人の飛行士が命を落とすようなこともありました。ここ数日の間、アポロ十一号の乗組員の方々が無事に成功して、地球に帰還されるようお互いに祈ってあげたいと思います。

月面着陸は、随分長い間かかってやり遂げたわけであるけれども諸君にとっても長い夏休みがやって来る。休んでしまってはいけない。その間に目標を立て、しっかりした覚悟で毎日毎日積み重ねるならば、必ず出来るのである。それで計画を充分に練り、先生ともよく相談して自分でやり遂げるように。

（昭和四十四年七月二十一日）

○第二学期終業式の訓話（昭和四十四年度）

一九六九年があと僅かで終わり、一九七〇年がやって来ます。それで今年を反省しておきたいと思います。

三年生の諸君が入学したのは、ついこの間のようではあるけれども、その入学式の日、腰掛に腰をかけて足をブラブラさせておる生徒が沢山いて、今年の一年生は特別に身長が低い、そう直感した。どのお父さんもお母さんも、このひ弱で太っていない子どもたちをどうするかとご心配であった。それ以来ほとんど三年、三年生の諸君はよく頑張ってくれました。その証拠が幾つもあります。

今年の各種のスポーツの実績、それが例え負けたということであったとしても、一年生に入学した時のあの体力からすると予想も及ばぬ活躍であったのです。

また少年の日、運動会、敬老の日、無時鈴週間など今までよりも一層磨きをかけて、立派な恥ずかしくない成果を修めてくれたと思っております。

一例を挙げると、無時鈴週間というのは、本校では何でもないようであるけれど、これは数年来やってきた成果だと思うのです。今年になって松山市のM中学、K中学などもやろうということになったようです。

合図なしで授業が始まり、合図なしで授業が終わる。これは簡単な事だと考えてはいけないのであって、めいめいが時間を大切にし、過ぎ去っていくその一日一日を大事にして自分の人生を築き上げていこうという、その時刻であると考えなければ到底やり通すことは出来ないのです。本校では三年生の諸君、一、二年生の諸君みんなで力を合わせて努力した結果これが立派にやれたと思うのです。

交通安全についても同様のことが言えます。

学校によっては、いまだに自転車の二人乗り、あるいは踏切の一旦停止、雨のとき傘をさしては乗らない、この様な自分の命を守るということについてさえも、なかなか出来ない学校の生徒もあるのです。けれども重信中学の生徒諸君は、この面についても立派に出来ました。

それでは重信中学の生徒は、何もかも万事よろしいかというと、そうではないと思うのです。

その一つ、やせて美しくなりたいと思っている人がある。毎日食べるパンの量を減らして、やせていこうと考えている人がある。あまりにも愚かな事だと思うのです。成長ざかりの諸君は大いに食べなければなりません。人の二倍も食べてよろしい。そう私は思うのです。「それではブクブク太って、服が合わんようになるではないか。」と言う人があるかもしれません。そうではないのです。大いにスポーツをおやりなさい。人の為に働きなさい。そうすれば食べずには動けないということがよく分かるのだし、また磨きあげた体力が出来ると思うのです。

東京や大阪のような大都会では、大いに運動をして自分の身体を鍛えて、将来に備えようと考えても運動をする場所がないのです。東京の日比谷にある中学校は、運動場が一つもありません。屋上があるだけです。その点この重信中学校は非常に恵まれているのです。

「太ったブタになるよりもやせたソクラテスになれ」という言葉があります。アメリカのルドルフさん（女の人）は小児麻痺にかかったのですが、必死になって練習に練習を重ねて、自分を鍛えに鍛えて、素晴らしい美しい体をつくり、ローマオリンピックでは金メダルを四つも取ったのです。君たちの友達のなかにも毎日続けてやっておる人が段々増えておることを喜んでおります。特に一、二年生に多いと思うのです。

もう一つは、友情を間違えてはならないということです。友達がオートバイに乗る、何人かで乗る、無免許である。事故が起こりやすい。いけないと言う事はよく知っている。それで「誰にも言うなよ」と言って練習をする。そのために君たちの友達が大変な事になったことを知らなければならない。それは本当の友情ではない。友達を本当に守ってあげたのではないのです。間違ったことをする友達に対しては、それをしないように忠告する。そんなことをするよりスポーツでもしよう、と勧めてあげるほうが真の友情である事を悟ってほしいのです。

とにかく、いろいろ考えなければならない事はあったけれども、立派な一年間であったように思います。だからご褒美が出たのです。どこの学校にもないようなピアノを買ってもらいました。またこの校舎が大変古くなったので新しい中学校を建築してあげようという事になり約二億円近くの費用をかけて立派な校舎を作ってくださることになりました。

ピアノにしても新しい校舎にしても、そのお金は君達のご両親のお働きによって出来るものなのです。そのことを忘れないように。

「世の中で一番寂しい事は仕事のない事だ。」と福沢諭吉先生は教えておられる。君たちは自分の将来、一生の仕事を選ぶために体力をつくり、勉強をしていかなければなりません。弁論大会の記録を見ておりますと三年生のY君は、「来年は家の事情で進学できず、思うように勉強もできないのですが、せめて定時制へ行き、働きながら少しでも知識を貯え自分の人間性を良くし、悔いのない人生を歩むために役立てたいと思っています。」

このように勉強をするところは、学校の教室の中だけではなくて君達の眼をよく開き、耳をよく開いて世の中を見てごらんなさい。そこには、いくらでも見習うべきものがあると思うのです。

男の子は近い将来、一家を背負って自分の家族を守り、子どもを守り、よい家庭をつくりあげて更により良い社会を築いていくような力、即ち体力と学力を磨いてきたかということです。一家の父親として誇りを持って自分の子どもに向かって言えることを一つずつ貯えてきておるか、ということです。

また女の子はいずれお母さんとなっていく。おいしい味噌汁の一つも炊けんようでは駄目です。母親としてなすべき事は沢山あると思うが、それらを一つずつ出来るように力を貯えていかなければなるまい。そして家族みんなが仲良くやっていく為の本当の人間の愛情というものが、どんなものであるかと言う事も考えておかなければならない。そのための体力であり、学力であると考えなければなるまい。そういう事をよく考えた上で、今度のお正月には自分の目標を立てなさい。今年は何をやるか、その事を自分だけでなく、お父さん、お母さん、おじいさんやおばあさんなど家族みんなの前で宣言しなさい。そして家族みんなの智恵を借りてよりよいものに作り上げなさい。そうする事がよい一九七〇年を送ることになると思います。それが例え今年は一日残らず日記をつけよう、ということであっても構いません。要するに一九七〇年を自分の一生の中で最良の年にするような努力をして下さい。

最後に大きな声で言っておきます。

「自分の道を人生の道をひとりで歩いていこう。人を頼らず自分の道を歩いていこう。ひとりの道は寂しい道だ。けれどもこの道はみんなの道だ。みんなで力を合わすならば寂しくもないし、悲しくもないし力強く歩き、走れる道だ。」
よいお正月を迎えるように。

○第三学期始業式訓話（昭和四十四年度）

新年おめでとう。新しい年を迎えて今日から自分の生きていかなければならない道を、真っ直ぐに一歩一歩、歩いていきたいものです。

日本の国にとって今年は非常に大切な年になります。今から三十年ほど前、わが国は命をかけて戦いました。ことの善し悪しは別として、不幸にして敗れましたけれども、それまで独立することが出来なかった沢山の国々が生れました。わが日本の国の都市はほとんど焼け野が原になったのですが、敗戦後二十数年の長期にわたる勤労と勉強が世界の自由主義諸国の中では、二番ではあっても三番とは下るまいと言うほどの豊かさを持った国になりました。

一時はもう駄目だ、二度と立ち上がることは出来まい、と言われた日本が二十数年でこんなに繁栄をしてきたのです。しかしわが国では、一番戦いで苦しんだところと言えば沖縄であります。その沖縄はまだアメリカの施政権の下にあって国旗を掲げることさえも自由には出来なかったのです。沖縄の船も日本の国旗をあげて外国へ行くことは出来なかったのです。

しかし一九七二年には沖縄は日本に返ってくるという約束がアメリカとの間でできました。大変喜ばしいことです。沖縄の人達の中には、戦争でお父さんを失いお母さんや兄弟を失った人が沢山います。沖縄にはお国のために命を捧げた人をまつる慰霊塔がいたる所にあります。諸君がここ五年か十年すると、自分で働いて得たお金で沖縄へ行ってご覧なさい。

戦後二十数年、沖縄の人達は貧しい生活に耐え、不安定な職業にもよく耐え忍んできました。アメリカの軍事施設で働いている人達は、そこをやめなければならないようです。政府も沖縄をどうするかについてよく考えておるようでありますけれども私たち一人一人も沖縄にあたたかい眼をそそぎ、沖縄再建に協力しなければならないと思うのです。その意味でも今年は大切な年だと言えるのです。

もう一つ、「お金さえあれば、何でもできる。お金さえあればよい。」そのような考え方を持ったのではいけません。わが国は、世界のどの国に対してでもよい考え、美しい心の国である、ということを知ってもらえるような努力をしなければならないと思うのです。そういう意味で今年を立派に過ごしていきたいと考えます。

諸君は、生れてから十数年の年月がたちました。生れてきた以上は、生きていかなければなりません。自分の命を粗末にするような事は、もってのほかであります。あと五年あるいは十年もしないうちに皆さんは、一人前になって自分で独立してやっていかなければなりません。何故なら諸君のお父さんやお母さんは、何時までもお元気で皆さんを守ってくださるわけではないのです。いずれ何年か向こうでは、男の子は父親として、女の子は母親として生きていかなければならない。その時になって家族を守ることが出来ない、そういう情けないことになってはいけないと思うのです。

諸君が生きていくために一番大切なことは、働くという事であろう。その働くために第一に大切なことは、体力であって身体を痛めては動くことも出来ないのに働くことはなお更できまい。体力は自分を怠けさせては出来る事ではないのです。自分を鍛えに鍛えていかなければ出来ません。

プロ野球をやめられた金田正一さんは、日本のプロ球団の中で最も弱いと言われておった国鉄スワローズに入団しました。それから二十年間、最後にはジャイアンツで活躍しておりましたが、その金田さんが先日、次のような話をしておられました。

「私は、人がやって出来る事ならば私にも出来るはずだと思う。しかし人が十回やって出来るようになるのならば、私は、二十回やらなければならなかった。それをやっただけだ。」と言われたのです。

自分で毎日やらないでおいて、人より以上の事が出来ると思うのは間違いです。繰り返しやれば誰だって出来ると思うのです。英語が出来ない。この間もやってみたけれど、出来なかった。やってやって今日こそは、と思ったらまた間違えた。それで英語の勉強はやめた。これでは出来るようになりません。

バスケット、サッカー、野球、何でも同じ事です。やってもやっても出来ない。だから更に根気強く出来るようになるまでやる。その根性が生きていく上に一番大事なことです。昨日はやったが、今日はやらない。そのような三日坊主では怠け者の証拠だと思うのです。次にどんな本でも、すらすら読むことができる、ということは、一生勉強を続けていくことが出来るということです。今から二十年もたったら今の世の中よりもっと進んだ社会となるでしょうが、その時になっても楽に勉強ができるし、また新しいこともどんどん学ぶことが出来ると思うのです。勉強は一生の仕事であって、今学校におる時だけが勉強だと考えるのは間違いです。

今まで話した事を繰り返してみます。立派に働くことが出来るためには、体力をつくらなければならないし、みんなの為になる仕事で、また自分にあった仕事を選ぶためには、しっかり勉強しなさい。そこで後ろを向いてはいけません。頭を回して後ろを向くという事は大事なことですけれども、人の一生で後ろを向くという事は、いいことではありません。年をとった人ほど「わしらの若いときは……」とか「昔はこうであった」とか言う。これは後ろを向いておるからである。諸君は若いのだから前を向いて進まなければならない。後ろを向く例を挙げておこう。いろいろあるが今までやってみたけど、出来ないからやめた、と言うのもやっぱり後ろを向いておるのです。前に少し悪い事をした。しかしスリルがあって面白かったから、もう一度やってみよう、と言うのも後ろを向いた事になる。オートバイの無免許運転などがそれです。

前に一度やって出来なかったからやらない、と言うのも後ろを向いた事になります。それで今までに出来たことや出来なかったことは、忘れてしまって、今日から始めるのです。それが前を向いて進むことです。

この間のお正月に、今年はこうやろうと覚悟を決めて、それに向かって突き進んでいる人は、既に八歩前を歩いている。一方、だらだらしている人は八歩後れたことになる。まだ八歩です。覚悟を決めて今日から始めなさい。そして遅れた八歩を取り返すのです。どんなに厳しくともどんなに遠くても、またどんなに辛くともやろうと思う気があって、毎日一歩一歩進んでおる者には、遠くもなければ厳しくもないはず、思い切りやってもらいたいと思います。

交通事情は、益々悪くなってきました。今年中に愛媛県では、交通事故で八千人ぐらいの人が怪我をしたり、死んだりするそうです。もっと多い数になるかも知れません。このことを人ごとのように思ってはいけません。オートバイは今から練習しておかなければ、後々になって乗れるようになれないものではありません。スポーツに励み、勉強に精出しておる者には、一定の年齢が来れば、試験を受けてもすぐ合格するはずです。そして運転免許状を貰ってからお乗りなさい。

　今諸君がしなければならないことは、沢山あります。それを忘れて人から非難を受けるような行動をとらない様にしてほしいのです。自分の怠ける心や甘える心を日々厳しく自分で見つめて、そして一生の間の一九七〇年として今年を立派に過ごしていくように。終わります。

○少年式　餞の言葉（昭和四十四年度）

　私たちの祖国日本は、二十五年まえ太平洋戦争に敗れ、私たち九千万人の同胞は、食べ物はなく、寒さに震えたのです。父母を失い、食べ物を求めてさまよう浮浪の少年少女は巷（ちまた）にあふれました。

　二十五年たった今日、日本の年間総生産は世界第二位、世界中の人々が日本に学べ、というほどの経済大国になり、ここに世界の人々がうらやむ豊かさを持つようになりました。また経済学者のハーマン・カーン氏は、もう十年で日本は、アメリカ、ソ連と同じ大国になるだろうと言い、アベグレン氏は二十年後には、アメリカを追い越すだろう、と言われました。それほど夢のある国になりました。これは全てこの二十五年間、あの苦難の時を耐え忍び、よく働きよく勉強した諸君のご両親のお陰であります。

　今日、アフリカにインドに、東南アジアには、食べる物がなくて栄養失調になり、飢え死にする人のある国、学びたくとも学校がない、もしあっても校舎のない国、生れたままの裸足で歩かねばならぬ国々のあることを考えてみたまえ。病気に苦しんでも医者も薬もない国があることを考えてご覧なさい。

　この春、夏、秋、冬、気候よろしく風景美しい日本、心豊かな日本を諸君は受け継ぎ発展させねばなりません。生れて十四年、志を立てるときがきました。やる気があれば何でも出来る年になったのです。ご両親の心を受け継ぐ決心を固める時です。

第一に人に親切に、奉仕できる体力を錬り鍛えなさい。まさかの時には体力をもって家族を守ることが出来る力を養いなさい。いろんなクラブ活動をこれほど出来る学校はそんなにないのですよ。

第二に社会に奉仕して働ける技術力を身につけるために勉強しなさい。働こうにも仕事が無いくらい悲しい事はないのです。ましてこの国を、自分の家を受け継ぎ、更に進んでアフリカ、インド、東南アジアの悩み苦しんでいる人々を救うために、農業や工業や医学などの勉強をすることが必要なのです。

第三に心豊かな日本人の心を磨き出さねばなりません。駐日ドイツ大使は、帰国にあたって、戦争のあと日本は、経済の事に必死になった。このままでは、やがて日本は日本人の心を失って没落するであろうと外人は見ていた。しかし近頃、次第にその心を取り戻している。だから日本は、更に発展するであろうと言っています。美しい心の日本を受け継ぐために、さらに勉強しましょう。

志を立てる第一歩は、親の恩を知ることです。生れて十四年、泣くことのほか、食べる事も着ることも話す事も何一つとして自分では出来なかった赤ん坊が、きょう立志の式を迎えました。この十四年間、守り育て、すねをかじらせて下さった御恩を思わねばなりません。これからの六年間、二十歳の成人式までに働くことができ、人に親切ができる一人前の人にならねばなりません。うかうかしていると怠け心、甘え心だけが大きくなって、恩知らずの野良犬なっては駄目です。

ここで感恩の歌をお聴きしましょう。歌ってくださった尼子さんは三カ月前に亡くなられました。今治市の方で感恩の歌を皆さんに歌ってもらうことに生涯をかけた方です。プリントを出してください。心を込めて聴きましょう。

感恩の歌

武内浦次作詞　尼子誉一作曲

朗詠　　尼子誉一

『あわれ　はらから　心せよ　山より高き父の恩
海より深き母の恩　知るこそ　道の始めなれ
児を守る母の　まめやかに　わがふところを

寝床とし　かよわき腕を　まくらとし
骨身を削る　あわれさよ　美しかりし　若妻も
幼な児ひとり　育つれば　花のかんばせ
いつしかに　衰え行くこそ　かなしけれ
身をきる如き　雪の夜も　骨さす　霜の
あかつきも　乾けるところに　児を廻し
ぬれたるところに　おのれ伏す　幼きものの
がんぜなく　ふところ汚し　背をぬらす
不浄を　いとう　いろもなく　洗うも　日々に
幾度ぞや　おのれは　寒さに凍えつつ
着たるを脱ぎて　児を包み　甘きは　吐きて
児に与え　苦きは　自ら　食らうなり
幼な児　乳を　ふくむこと　百八十石を
越すとかや　まことに　父母の　恵みこそ
天のきわまり　無きが如し　父母は
わが子のためならば　悪ごうつくり　罪かさね
よしや　悪奴に落つるとも　少しの悔いも
無きぞかし　若し　子　遠く行くあらば
帰りて　その面見るまでは　出でても入りても
子を思う　寝ても覚めても　子を思う
髪くしけずり　顔　ぬぐい　衣を求め　帯を買い
美わしきは　皆　子に与え　父母は　古きを
選ぶなり　己れ　生ある　そのうちは
子の身に代わらんことを願う　己れ
死に行くその後は　子の身を護らんことを願う
よる　年波の　かさなりて　いつか　こうべの
霜白く　衰えませる　父母を　仰げば　落つる
涙かな　あぁ　ありがたき　父の恩
子は　如何にして酬ゆべき
あぁ　ありがたき　母の恩
子は　如何にして　報ずべき』
静かに聴いてくださって有難う。

私の父は、私が十九歳の時、ふとした病気で亡くなりました。私が駆けつけたときには、息を引き取っていました。父は死ぬまで働いた人でした。私の自覚が遅れたため、親孝行をする事ができませんでした。私のような過ちを諸君はしないように。

きょうお家に帰ったらご先祖様にお茶を供え、感謝のお礼を申し上げるように。終わります。

八木　茂　先生プロフィール

明治四十五年三月二十八日　温泉郡南吉井村（東温市）
　出身
昭和六年三月　愛媛師範学校一部卒業
昭和七年三月　同右専攻科（理科）卒業
職歴
　南吉井尋常高等小学校・川上尋常高等小学校
　愛媛師範学校付属尋常高等小学校
文検合格（中等学校教員）松山中学校勤務
愛媛県教育委員会　県立教育研究所
温泉郡川内中学校長　重信中学校長
昭和四十六年三月　退職
同年五月十四日　永眠

八木茂先生を偲んで

上甲　修

八木先生が話された言葉で、今なお忘れ得ぬ言葉が幾つかあります。

研究リポートの作成について

『リポートはコンデンスされたものをつくりなさい。リポートは抽象論では駄目。研究資料を沢山準備して、枝葉を切り捨て、削って削って元の字数の四分の一くらいにしなさい。そうすれば立派なよい研究レポートが出来ます。』

また生徒たちへの訓話の中に

『皆さんが大人になったら、自分のお金で沖縄へ行ってみなさい。今から二十四年ほど前、アメリカの軍隊が沖縄に上陸して戦争があった場所なのです。それで何万人もの人が亡くなりました。戦争というものがどんなに悲惨なものか、よく分かると思います……。……皆さんは、お父さんやお母さんが一生懸命働いてお金を稼いでもらうから、みんなは安心して学校へ来ることが出来る。しかし世界の子どもたちの中には、家が貧しくて学校に行けない子、靴を買うお金がないのでいつも裸足の子がいる。皆さんは一日に三回ご飯を食べますね。でも世界には一日に一回、ごはんを食べるだけの貧しい人が沢山いるのです。世界中の人がみんな幸せに暮らすには、どうすればよいか、よく考こういう質問に適切に説明されていました。
八木先生は、部下職員に常に範を示されました。

えてみましょう。……』

また八木先生は命を大切にするとは、どういうことか、生徒たちに具体的にユーモアを交えてよく話されていました。

重信中学校では、昭和四十年代、修学旅行は毎年三月の下旬に京阪神に向けて出発していました。全行程がバスで学校を出てから帰ってくるまでクラス単位で行動していたのです。私は二度、修学旅行に参加したのですが、二度とも八木校長さんの隣の席で長い道中、貴重な経験談をたくさん聞かせていただきました。

その一つに、先生の末っ子のお嬢さんも学校の教師をされていたのですが、そのお嬢さんが学校を終えるまではテレビは買わなかった、と言われました。

八木先生はたぐいまれな読書家でもありました。在職のころ、私が授業の空き時間に職員室にいると、時々よその校長さんから電話がかかってくる。当時は職員室に電話が一台あるだけでしたから、校長室から職員室に出て来て電話に出られる。

「いまごろ教育工学という言葉が使われている。これはどういう意味か。」

先人の足跡

渡部　昇　先生

音楽教育に情熱をかたむけた五十五年の生涯

昭和五十四年三月、当時勤めていた川内中学校の卒業式で来賓の高須賀義男先生（初代校長）は卒業生に次のような餞の言葉を述べられた。

『……本校の校長先生、渡部昇先生は今ご病気で入院されております。一日も早く快復される事を祈っていますが、きょうは渡部昇先生の若いころのお姿を皆さんにご紹介したいと思います。

渡部先生は音楽の先生です。今から二十数年前、先生はお隣の重信中学校に勤務されていました。私も同じ中学校に勤めていました。

町のほうで新しいピアノを買ってもらうことになり、待ちに待ったピアノが学校に届いた日のことです。渡部先生が私に

「このピアノを使わせて下さい。私の学生時代は戦争中でもあり、ほとんど勉強らしい勉強もしないで卒業しました。それでこのピアノでしっかり練習して自分の技能を高めたいのです。」

と言われました。私はそれを聞いて、

「このピアノは、みんなの共有財産だから、しっかり活用して下さい。」と言って励ましたのです。

それから渡部先生は、朝は誰よりも早く学校に来て、また夕方は遅くまで音楽室でピアノの練習をされました。その結果、僅か三年ばかりの間に、あの硬いピアノの鍵盤にくぼみが出来たのです。私はピアノの鍵盤のくぼみを見て大変びっくりしました。渡部先生がどんなに一生懸命練習されたか、お分かりでしょう。

また渡部先生は、吹奏学部をつくられ、熱心に指導された結果、県下でも指折りの優秀なブラスバンドに

なりました。

今日、卒業される皆さんは、将来それぞれ違った道に進まれると思いますが、どんな仕事であっても自分の職業には自信と誇りを持って生きていただきたい。仕事に対する自信や誇りというものは強い責任感から生まれてきます。

川内中学校には、三階建ての立派な図書館がありま す。この図書館は、私の次の校長先生であった八木茂先生の時につくられたのです。八木先生は読書家で毎日、本を一冊は読まれた方です。小学校や中学校のときにたくさん本を読んだ人は、学校の成績もよくなります。ノーベル賞という賞がありますね。ノーベル賞を貰う人はみんなものすごい読書家なんです。

皆さんはご存知のように数学の問題に文章題というのがあります。文章題の問題が苦手な人が皆さんの中にはおられるかもしれません。しかし本をたくさん読んでいる人は、文章題の問題が得意なのです。

将来、皆さんがお父さんやお母さんになって子どもさんが出来たら、子どもさんの為にも良い読書環境をつくってあげてほしいのです。……』

渡部　昇先生の略歴と研修活動等

大正十二年十一月四日　温泉郡久米村久米窪田（松山市）出身

昭和十八年　松山中学校卒業

松山中学に在学中、病気休学され一年遅れて卒業された。

昭和二十年九月　愛媛師範学校卒業（半年繰上げ卒業）

職歴

温泉郡北吉井小学校（四年六カ月在任）

温泉郡吉井（現・重信）中学校（二十一年間在任）

温泉郡中島中学校教頭（四年）

教育センター室長（二年）

温泉郡川内中学校校長（二年）

渡部昇先生の最初の赴任地は、北吉井小学校。教科指導でとまどったのは音楽の指導でした。音楽以外の教科であれば特に抵抗はなかったのですが、なにしろ戦時中に学校生活を送った関係で、音楽の勉強らしい勉強はしていなかったのです。当時、小学校に音楽専科の先生は配置されておらず、何人かの男の先生は自分のクラスの音楽指導に当たらなければならなかった。そういうことで、渡部先生の音楽の勉強は、このときから始まった。終戦直後のこと、自宅にはまだオルガンもピアノもなかったのです。

先生はお母さんにお願いして毎日、弁当を昼食と夕食の二食をつくってもらいました。横河原線で朝一番の電車（当時は汽車）で久米駅から終点・横河原駅まで。帰りは最終の列車に乗って帰るのが日課になりました。先生は、北吉井小学校で四年半勤めた後、昭和二十五年四月、吉井中学校（現・重信中学校）の菊澤薫校長に請われて中学校の音楽教師として赴任しました。中学校に来てから渡部先生の音楽指導に対する責任感は一層高まってきました。

渡部先生は、学校全体の士気を高めるためにはブラスバンドを立ち上げるのが良いと考えたのです。初めは十人くらいのメンバーでしたが、町やＰＴＡからの援助で楽器を増やすことができ、三十五人編成（Ｂ部門）の吹奏楽部をつくることができました。以後、学校や町の行事等の時には吹奏楽部が活躍することになりました。

昭和三十二年から吹奏楽コンクール愛媛県大会が開催されるようになり、重信中学校も例年参加、県大会では何度も優勝。四国大会では三度の優勝（三十六年、三十七年、四十年）、二位になったのが数回あります。

昭和三十六年の春休み、先生は武蔵野音楽大学の聴講生として参加、器楽（指揮法を含む）の勉強をして単位を取られました。また昭和四十二年には、日本吹奏楽指導者協会の会長から、

「審査の結果あなたを我が国吹奏楽界の指導者として適格と認め規約の定めるところにより、当協会の会員として承認します。」という承認状を受けました。

渡部先生は、昭和三十九年十二月発行の町の広報紙「しげのぶ」に「全四国吹奏楽コンクールを顧みて」と題して次のように書いておられます。

『……今度こそは三度目優勝の栄冠を得んものと部員一同、昨年の苦き経験をもとに努力精進、練習に練習を重ねてきたが、遂に最後の審判は優勝にあらず、ほんの僅かの差で第二位となった。私は今この審判を神の審判と感じて静かにかみしめている。

レギュラーメンバーの諸君、やかましい私の言うことを聞いて実によく頑張ってくれた。ありがとう。

コンクールについてはいろいろの事が私の胸の中に浮かんでくる。私はよく叱った。きつい練習のために時には落伍しそうになった者もいたが、全員最後までよく初志を貫徹してくれた。この間お互いに悩み、苦しみ、喜びを楽しんできたことが沢山ある。その中の一、二を書いてエピソードとする。

なやみ

夏休みを目前に控え、練習が次第にきつくなってきたある日、「先生○○君が今日も来ていません。」見ればいつも気にかけている○○君が来ていない。

「先生、もう○○君は夏休み中、練習に絶対こん言いよった。」私は腹の中がぐうっと燃えてきた。コンクールを目標に精進しようと全員が話し合ったこと数回、毎日毎日励まし続けてきている。本人とは特に再三話し合いをしてきている。私はたまらなくなって直ちに○○君の家へ行ってみた。行ってみると本人は昼寝している。

お母さんが出てこられた。表情が硬い。

「うちの子は勉強せんと成績が下がりますので……ブラスバンドにこってしまうと勉強ができませんので……ホームルームの先生にも言われておりますので……」

これでは私がいくら本人に言ってみたところで練習に来られないのも当然である。私が部員に日ごろ話していることがお家の方に全然通じていない。私は分かって頂くために誠意を尽くして、いろいろと説明し、とにかくコンクールまででよろしいから練習に来てくれるよう心からお願いして学校に帰ってきた。

頼みとするレギュラーメンバーが練習に出てこないと指導者としてはたまらなくなってくる。一年生から今まで共に苦労してきて、まだ自分の気持ちが分かってもらえず、また生徒の気持ちも分からなかったのかと思うと指導者として資格なしと嘆きたくなる。

よろこび

参観日のできごと。たまたまある部員のお母さんに廊下でばったりと出会った。

「先生あの……お話ししたいことがあるのですが……言いにくいのですが……」私はお母さんの言葉でピンときた。この生徒は近頃、度々練習に来ていない。「うちの子は体が弱いし、それに家のことも少しはさせないかんし……それに私とこのような者がブラスバンドに入っとると、友達や近所の人から妙に言われますので……一年生の時はこんな積りではなかったのですが……本人がどうしてもブラスバンドは、もういやだといいますので……。」

私はお母さんの話しぶりから、この子の友達が何か言っているなと感じた。この子がこんな事を言ってくるはずがないのだが、と思っていろいろ話しているとやはりその通りである。私は、

○　自分が正しいと思ってやっていることを他人がとやかく言っても気にしなくてよいこと。

○　ブラスバンドをやって体を悪くした者は、今までにひとりもいない。楽器演奏は生理的に健康に大変よろしい。特に肺活量が大になることは医学的に証明されていること。

○　一年生のときから何のために苦労して来たのか、晴れのコンクールが一つの目標であること。

○　本校の生徒は、少し困難なことに出合うと直ぐに意志がくじける者が多いこと、等々。お母さんに「そんなにやめさせたいなら、やめてもよろしいが、コンクールまででよろしいから頑張らせて下さい。今やめられては、カニの親爪をもいでしまったようなものですから。」とお願いした。主任の先生も力を込めて説明してもらった。

翌朝、その生徒が私のところへ来て「先生、卒業するまで頑張ります。」と固い決意を表明してくれた。そのときの嬉しさ。真意が分かっていただけた嬉しさである。今この生徒は立派な部員として素晴らしい技術を身につけている。

○○○○

今年度はコンクールで第二位となったけれども、これによって得られた収穫は第一位のそれに決して劣っていないと信じている。何が第二位にさせたのであろうか。勿論それは全て指導者、私の貧弱な指導力によるものである。私の指導が徹底していなかったという点にある。コンクール、音楽会等の対外的な行事に参

加するたびに感ずることは、聴衆の前で自分の実力を発揮するために毎日毎日の訓練が厳格で、生活態度が真摯でなければならぬ、ということである。この基盤なしには、美しく生きた演奏はなし得られない、ということである。

音楽の演奏は、単なる音楽技術の表現ではなくて人間そのものの表現である。技術の訓練なしに音楽演奏は成り立たないが、その技術訓練にともなって、どのように人間教育をするか、ということを忘れてはならない。

現在、一・二年生の新しいメンバーが来年のコンクールを目標に希望に燃えて活動を始めている。来年は今年よりも更に豊かな実りの秋が来るであろうことを祈っている。……』

渡部先生のブラスバンド指導は、通算二十年近くに及ぶ。年中、休みなしの指導。しかも中学校で初めて楽器を手にする部員が大半という時代に、ひとり一人の指導は大変なことであったと推測される。

重信中学校の広報紙（平成四年発行）に、ＰＴＡのある方が次のような文を寄稿されている。

『私は三十数年前、重中のブラスバンド部でトランペットを吹いていたので、思い出がいっぱいあります。楽譜が読めないので、渡部昇先生に難しいソロのパートを編曲してもらい、仲間に助けてもらったこと。

吹奏の練習と同じくらい楽器や、楽器ケースの修理をしたこと。県の差し回しのバスで、松山市内を演奏しながらまわったり、道後動物園内のプール開きで演奏したことなど、懐かしい思い出があります。』

「川中太鼓」の誕生

渡部昇先生は、昭和五十二年四月に川内中学に赴任。新学期始め、生徒の中に、どの部活動にも入らない生徒（数人）を集め、太鼓部を作って指導された。

当時、学校には太鼓が一つしかなく、それでは足りないので渡部校長と橋本矩之先生が校区を回り、太鼓を調達し「川中太鼓」の誕生となった。

昭和五十三年の二月、少年の日が近づいたある日、渡部校長は体育館で、当時の二年生に、

○ルールを守れ

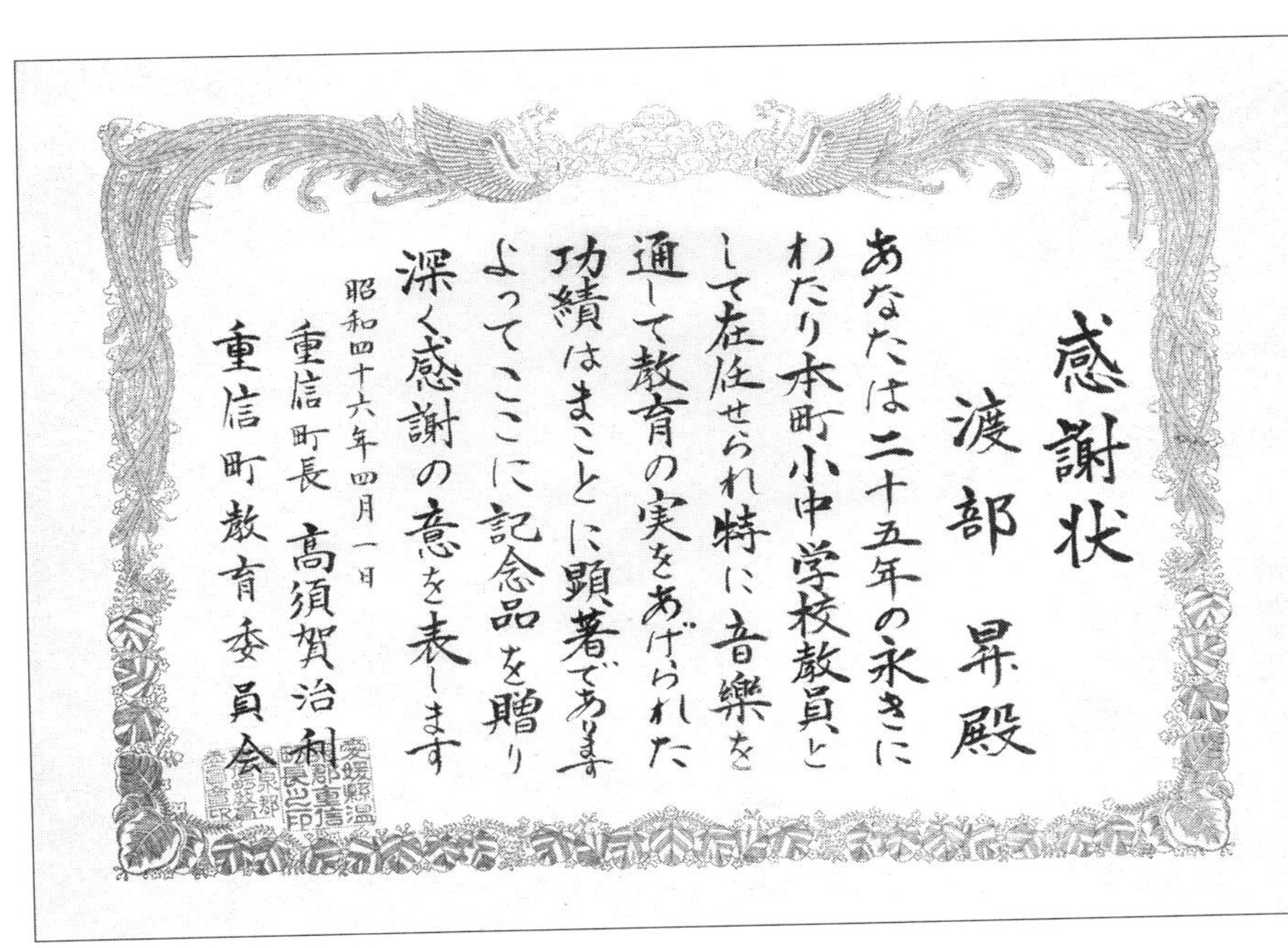
感謝状
渡部　昇殿
あなたは二十五年の永きにわたり本町小中学校教員として在任せられ特に音楽を通して教育の実をあげられた功績はまことに顕著であります
よってここに記念品を贈り深く感謝の意を表します
昭和四十六年四月一日
重信町長　高須賀治利
重信町教育委員会

○元気を出せ
○郷土を愛せ
○郷土の先輩に続け

と呼びかけ、さらに川内町の先覚者、近藤金四郎翁が毎朝、叩いていたと言われる「早や起き太鼓」を力強く打ち鳴らされた時の印象は、今も私の心に強く焼きついている。

渡部先生は、愛媛県の中学校における吹奏楽指導の草分けであり、県の吹奏楽連盟の理事長を長く務めたこと等々で、数々の感謝状や表彰状を受けておられる。

○重信町の町長からの感謝状
　昭和四十六年四月一日
○県教育会長からの表彰状
　昭和四十七年五月二十一日
○県吹奏楽連盟理事長からの感謝状
　昭和五十年七月三十一日
○県教職員報償
　昭和五十四年六月十日

渡部　昇先生を偲んで

上甲　修

渡部昇先生と私は在職のころ、三つの中学校でご一緒し、その間、有形無形の指導を受け、また時にはお叱りも頂戴したのです。

渡部先生が重信中学校に勤務された期間は二十年を越します。一つの学校に二十年以上も続けて勤務するというのは極めて珍しい。その事からも重信中学とその地域の人にとって渡部先生が如何に大きな存在であったかが伺い知れるのです。

昭和四十六年四月、中島中学へ先生と私は同時赴任（共に単身）、となり、住まいが隣部屋だった関係で食事や歓談等の機会が多く、生活全般を通じて先生の厳しい勤務姿勢・態度から理想の教師像をかい間見たのです。先生は、生徒たちの前では、いつもにこやかな笑顔をされていましたが「学校は道場なり」が先生の信条でした。

ただ非常に残念に思うのは、先生は体調を崩され、昭和五十三年七月二十五日入院、翌年の四月二十九日、働き盛りの五十五歳の若さで生涯を終えられたことです。

先人の足跡

河野　一男先生

部活動等を通して玉春日関らを育てた半世紀

これまで教育界の先達として、私は七人の先輩方の足跡をご紹介しました。この方たちは、既に鬼籍に入っておられ、この世にはいらっしゃらないのです。

八人目の河野一男先生はご健在で、退職後二十年近くになった今も地域のため様々な活動をされています。河野先生の後輩の方々に、一男先生との思い出を語ってもらいました。

西予市中筋小学校　**伊藤　博文**

「私は昭和五十八年新規採用で惣川中学校に赴任したとき、一男先生に初めて会いました。第一印象は博学の落ち着かれた先生だなぁ、という感じでした。先生は、当時五十歳前後だったと思いますが相撲部を担当され、毎日生徒に胸を貸しておられました。その時の部員に松本良二君（後の玉春日）がいました。当時の相撲部は全国大会にも出場するほど強かったのに、先生は全員と胸を合わされ、そのぶつかりげいこは、すごいの一言でした。子どもたちは、負けて悔しいやらしんどいやらで、よく涙を流していました。

一男先生は、力の弱い生徒にも温かい言葉をかけられ、誰からも好かれる先生でした。

先生は理科が専門教科で、舟戸川の川海苔の研究を子ども達と一緒にされ、県指定のへき地研究会で発表されたのを覚えています。個人的にもたいへんお世話になりました。町営住宅に住んでいた私は、よく先生の教員住宅におじゃまさせていただきました。

ある時いい肉が手に入ったといわれ、先生の住宅へ行きました。肉をすき焼きにして食べてみると、鯨の肉のようなおいしい味がしました。この肉は何ですか、と聞くと○○だと言われました。あの狸に似た動物がこんなにおいしいとは思いませんでした。飲みながら愛媛の教育について遅くまで語り合い、たくさんの事を教えていただきました。……」

＊惣川中学校は平成十二年に野村中学校と統合。

西予市野村町　**大野　徹雄**

「河野先生は最初の赴任校である野村中学で生徒達と自転車で四国一周をしたり、野外観察とか大野が原登山にも生徒とよく行かれています。また野村中学サッカー部の創立者であり、明浜東中学サッカー部の創立者でもあるのです。

私が明浜西中学に赴任したとき、河野先生は高山校区に居住されていて、荷物の受け入れ発送等を手伝っていただき大変助かりました。先生は相撲部の顧問でした。部員の生徒を相手にして毎日、胸が真っ赤でした。相撲は見事に強くなりました。

先生は、こよなく生徒を愛し、同僚はもちろん保護者や地域の方々からも愛され信頼された教師でした。

退職後は児童館に隔日勤務の傍ら次のような活動をされました。

○母親クラブの活動　河野先生は平成四年、児童館勤務二年目、母親クラブの設立を提案し、同志を募り相談のうえ規約をつくり母親クラブが発足しました。

○メンバーは大変意欲的で、読み聞かせ・リズム運動・人形劇・子育て学習・文集づくり・児童館「子ども祭り」を始めました。

○環境にやさしい里づくり協議会の会長として多くの子ども達と親御さん達の協力を得て活動されています。

• 巨樹・巨木調査・ホタルの水辺つくり
• 里山保全活動・町誌「自然環境」の執筆等

いつも町の図書館で研究されている一男先生の姿に頭が下がります。……」

西予市宇和町　**関岡　千秋**

「河野一男先生とは、子どものころ郷里が一緒で家も近く、通学班も同じでよき先輩として育った。昭和二十年代の初めころ、進学する人も少なく大学進学者は特別な存在であった。まさに河野先生は地域の憧れの人として受け止められ、村役場に勤めていた父の眼にも特別の人として映っていたようだ。

私が就職した昭和三十一年当時は、勤務評定闘争が激化していた。教員組合の切り崩しが激しく、校長を始め脱退者が多く組合員は数少なくなってきた。

そんな折、父は

『教育の現状や世の中の情勢は分からないが、河野一男先生の生き方に学べば間違いはないだろう。信じてついて行け。』

と言ってくれたのを思い出す。それだけ河野一男先生に信頼を寄せていたのだろう。父だけではなく、多くの方がそうであったように今は思っている。

数年前、河野先生は高齢で放送大学を卒業された。その卒業式で総代となられた先生の姿がテレビで放映されたのを記憶している。

以前、退職教員の役員会が松山であったとき、東宇和から先生と二人で参加した。そのとき「今夜は、松山泊りだ」と言われた。理由を聞くと、放送大学のスクーリングがあり受講のためだ、と言われた。レポート提出とスクーリングでの単位の取得、今の私には考えられない河野一男先生の向学心に驚いた。……」

河野一男先生の経歴・研究活動等

昭和六年　東宇和郡中筋村（野村町）出身

昭和二十年三月　中筋国民学校高等科卒業

　　四月　愛媛師範学校予科（旧一部）入学

　この年の七月、松山は大空襲を受け師範学校を始め松山の旧市街地は焼け野が原となる。死者の数、数百人といわれる。

昭和二十四年　学制改革で愛媛師範学校が愛媛大学教育学部となり中等科一年に入学

昭和二十八年三月　愛媛大学教育学部卒業

昭和二十八年四月　東宇和郡野村中学校赴任（四年間在任）理科・英語を担当。部活動では郡内初のサッカー部を創設、指導する。

　地域を知る活動の一つとして植物観察会（一年生対象）や地質調査など野外活動に努める。その活動を通して野村町久保谷の秩父古生層とみなされていた地層から中生代後期三畳紀のエントモノチスやハロビアを発見し、この一帯を久保谷層（後期三畳紀）と命名されることになった。

昭和三十二年四月　東宇和郡俵津中学校赴任（後の明浜東中学校　六年間在任）理科・英語・数学を担当。サッカー部創設、顧問となる。

昭和三十四年三月　結婚

俵津在任中に長男長女に恵まれる。

俵津湾内の貝類の標本をつくる。この頃、研究助成を受け海岸段丘の研究に取り組む。

昭和三十三年度　科学教育研究生となる

科学教育研究生として一年間東京教育大学地質学研究室（現・筑波大学）において主に地質学の研究に取り組む。研究レポートは野村町地域の地質についてまとめる。

この頃、全国的に勤務評定闘争が激化し、教育行政側と教員組合との間に対立が起こる。闘争は数年続くことになるが、教員の勤務評定に反対するデモが東京でも愛媛でも繰り返されていた。教員になることは教員組合に加入することが当然であった頃であった。

この闘争を契機に組合の組織分裂が始まり、愛媛県教員組合の組合員数は大きく減少、少数派となる。

河野先生は、組合運動に疑問を持ちながらも「教え子を再び戦場に送るな、平和を守ることこそ自分の進む道」と決心し、組合に残った。

昭和三十八年四月　東宇和郡魚成中学校赴任（二年間在任）理科・英語・数学・技術担当　テニス部顧問

日本列島最古の地層を含む黒瀬川構造帯を骨組みとする城川町は古生代や中生代のさまざまな化石を産する。それらの化石の収集に努め、校舎の一室に地質センターを設置する。これは現在の城川町地質館の前身である。

昭和四十年四月　東宇和郡明浜西中学校赴任（十一年間在任）理科担当　クラブ活動は自然科学クラブ担当

明浜町全域及び吉田町玉津地区について海岸植物の分布状況を調査しまとめる。夏休みや休日を利用して道らしい道もない海岸線をたどっての調査だったという。赴任して三年目に相撲部の顧問を引き受けることになる。以後退職まで相撲部の指導を続けることになった。（相撲部については別項で詳述）

次は河野先生が明浜西中学校に在任中、同僚であったお二人の先生の回顧談です。

西予市城川町　**中城　英雄**

「私が河野先生と一緒に勤務したのは明浜西中学で昭和四十五年四月から五年間、次は野村中学で昭和六十二年から三年間、合計八年間お世話になりました。

明浜西中学校時代

○相撲部顧問として熱心な指導。

何度も郡大会で優勝または準優勝に導かれました。二位までは県大会に出場します。毎年県大会へ出場し、さらに年によっては四国大会・全国大会へも出場していました。

相撲の基本だと思いますが、当たる・突き押し・寄る。とにかく前へ出る指導を徹底されていたように思います。

○地域と一体となった教育の実践

終始、地域に家族で住み、地域の一員として生活されていました。当時バイク・軽四・乗用車が普及、多くの先生は町外からの自宅通勤でした。私は校区に下宿していましたので、先生に何かと助けてもらいました。

夏休み中などの部活動のとき、ご自分の住宅の菜園で作られたスイカやトマトを冷やして持参し、部活動終了後、土俵の周りで生徒たちに食べさせ、わが子のように接しておられました。

○釣の先生でもあった

人気のある河野先生は地域の人から譲り受けた五～六人乗りの小さな伝馬船を持っておられました。暇があれば僕らも誘ってもらい、よく釣に連れていってもらいました。

私は山育ちなので海で釣をするのは初めての経験でした。ゼンゴ釣からはじまり、アジ・サバ・イカ・ホゴ・アナゴ釣など五年間で随分覚えたし、自然との触れ合いの大切さやストレスの解消になったと感謝しています。

野村中学校で

昭和六十二年から三年間、野村中学校で一緒に勤務しました。生徒指導でいろいろと問題の多い時期でしたが、先生は生徒の声をよく聞き、生徒側に立った生徒指導の大切さを教えていただきました。先生は昔と変わらず、終始一貫しておられる、と思いました。……」

西予市城川町　**芝　昭彦**

「……昭和四十七年四月、私は三崎中学校より明浜西中学校へ転勤した。三瓶、下泊、田の浜経由のバスで高山に着いたときは薄暗くなっていた。下宿先から自転車を借りて学校まで行き、宿直の先生に挨拶した。それが河野先生との初対面であった。そのとき私は二十五歳、一男先生はたぶん四十歳を越えられていた。それから四年間、一緒に勤めさせていただいた。

一男先生は長く高山校区に住み、地域の人もよそから来た人とは思えないような付き合いであった。

部活動は相撲部で、先生は自分から生徒に胸を貸すけいこのやり方だった。部活動が終わって、先生や部員たちは、学校裏の風呂場で身体についた土や汗を流して帰るのが習慣であった。百キロを超す体重の生徒に胸を貸し、先生の肌には紫色のアザができて、痛々しく私には相撲部の顧問はとてもできないと思った。

一男先生は三年生の学担が多く、生活の乱れた生徒もおり生徒指導にもご苦心が多かったと思う。四年の間に釣を教えてもらい、親切にお世話いただき感謝している。先生は、退職後もいろんな分野の研究に打ち込んでおられる様子を拝見し頭が下がった。……」

昭和五十二年四月

東宇和郡野村中学校赴任（二度目五年間在任）

理科担当　相撲部顧問　自然科学クラブ担当

環境問題が教育現場でも取り上げられるようになる。水生生物による河川の水質調査の研修を受け、以後その方面の研究を続け、自然科学クラブの生徒らと地域の自然を素材に活動する。活動の成果を学園祭で発表する。小冊子「宇和川水系の魚（二十六種）」にまとめる。中学校の近くの湧水池にカワモズクを発見したが、環境悪化のせいか、その分布が希少になっていることを知る。

昭和五十六年四月
東宇和郡惣川中学校赴任（六年間在任）
理科・数学・技術・自然科学クラブ　相撲部顧問

惣川地区はいろいろな自然観察の素材に恵まれた地域である。中でも淡水産のカワノリは県内河川唯一の産地であるが、当時すでに絶滅したと言われていた。

惣川の郷土誌を参考に再調査した結果細々ながら生息が確認された。このカワノリはわが国では秩父古成層地帯で石灰岩の分布する太平洋に注ぐ河川上流の清流にのみ生育している。肱川は瀬戸内海に注ぐ川という点で、唯一の例外である。以後カワノリは自然観察対象の一つとなる。

昭和五十九、六十年度に、惣川中学校が地域社会学校教育研究の県指定を受け研修主任として研修成果を発表する。地域の文化・芸能・伝承・自然・伝統行事等を教材化し活用することが具体的な研究のねらいで興味あるテーマであった。

民謡の採譜、伝統行事や地域の名所旧跡、自然等を適宜に取材・ビデオ撮影し教材化したり、昼食時に放映した。一例として、惣川に残る「木挽き歌」を授業でとりあげ、町の文化祭でも町内のコーラスグループ発表の一曲に取り上げてもらったりした。

自然科学クラブでは指定校発表会に、上記カワノリの分布や生態について発表、小冊子「惣川の自然」を作成した。大野ヶ原の生徒は、遠距離のため学校内の寄宿舎で生活し、土・日・休日に帰宅していた。

惣川中学校では、一月下旬から二月上旬には大野ヶ原の積雪量にあわせて一泊二日のスキー教室を実施していた。ちなみに、大野ヶ原の月別の平均気温変化は北海道の函館と同じくらいである。

昭和六十二年四月
東宇和郡野村中学校赴任（二度目四年間在任）
理科・自然科学クラブ　生徒指導主事　相撲部顧問

野村中学に転任して間もなく五月二十二日、給食の味噌汁に農薬が混入される事件が発生した。事件以来十日余りは多くの報道陣の昼夜を分かたぬ執拗な取材合戦に悩まされた。当時、報道陣の担当をしていたので一週間くらい帰宅も出来ない状態であった。

翌年から生徒指導を担当することになったが、この事件が尾を引いて教師の誠意が生徒に通じにくく正常化するのに苦労した。

暗い状況の中、六十二年の七月、県総合体育大会で相撲部が団体優勝、全国大会でも予選を三戦三勝、ベスト16まで勝ち進むことができ、地域を元気づける明るいニュースとなった。

昭和六十三年度、担当の自然科学クラブが町内の河川三十八カ所で水生生物の調査を行い、第二回愛媛県生活文化研究発表大会で発表している。

平成二年度、自然環境を考える研究実践（県の助成研究）に応募「野村町内河川に生息する水生生物の研究」と題する研究報告書を提出する。

平成三年三月　定年退職

三十八年に及ぶ教職生活を振り返って河野先生は、次のように語っておられる。

「私は在職中、単身赴任の惣川を除き家族と共に、勤務する学校の校区に住むことができた。地域の事情も分かり、豊かな自然の中で人情の厚い人々とのふれ合いが出来たことは、私的にも公的にも多くのものを学び、人生を豊かにできたと思っている。

振り返ると、私と教え子たちとのふれ合いの中でも、自然とかかわったものが多い。地域の自然を知り、親しむことが子どもの人間形成にとって大切なことの一つだとの思いもあったからであろう。」

相撲部とのかかわりについて

昭和四十年、河野先生は明浜西中学に赴任。三年目の昭和四十二年四月、相撲部の顧問になりてがなく、部活の世話だけでいいからということで、実技指導は地元の相撲経験者たちの胸を借りることにして顧問を引き受けた。このとき河野先生三十六歳。地域の先輩たちの協力を得ながら、そのうち部活の雰囲気にも慣れてきたので、相撲に関する参考書を読んだり、先輩たちの助言も得て、立ち会いやぶつかり稽古で胸を貸すことが出来るようになった。

練習では「押さば押せ、引かば押せ、押して勝つのが相撲の極意」と言われるように、ひたすら前に出ることに心がけた。

河野先生は以後二十数年、退職するまで学校は変わっても相撲部の顧問として指導にあたった。相撲には団体戦と個人戦があり、成績は次の通り。

東宇和郡代表として県大会に出場すること二十三回、うち団体戦で優勝五回、準優勝四回、三位一回、ベスト4三回、ベスト8八回、なお個人戦では優勝二回、二位六回というすばらしい成績である。なお四国大会を経て全国大会へは通算七回出場している。

玉春日関がいた昭和六十一年は県大会で団体優勝個人優勝（玉春日）、全国大会では団体個人ともにベスト16まで勝ち進んでいる。

昭和六十一年八月、惣川中学校の相撲部は全国大会に出場。河野先生は、その時の選手の活躍ぶりを野村町広報紙（昭和六十一年九月発行）に書いておられる。

『……選手たちは八月二十一日、全国大会から帰り、ほっとしていることだろう。選手たちにとってはこれからが夏休みだ。惣川から野村の自宅へ帰る車中、ひとり胸が熱くなってくる。

裸でぶつかり合った練習の日々、体力の限界ともいうべき厳しい練習にも弱音ひとつ吐かず耐え抜いてくれた選手たち、まわりの人達の温かい声援……。こもごもの思いが去来する。選手たちは本当によく頑張ってくれた。

チーム結成以来、郡新人大会・南予新人大会・郡総合体育大会・県総合体育大会の団体・個人（松本）の優勝。個人（永井）郡二位、県三位という輝かしい成績を残してくれた。どの試合を振り返ってみても決して楽勝とは言えなかった。四人の選手、松本良二・永井健一・上野雄一・戎田（えびすだ）繁満がそれぞれに補い合って勝ち取った栄冠である。

四国大会では、各県二チーム計八チーム中、六勝一敗の成績で準優勝し、強豪高知チームの一角を崩すことができた。

八月十九日、新築されて二年目の国技館での全国大会。参加四十八チーム。予選一回戦は全国大会優勝二回、ベスト4何回もという常連の鹿児島代表、赤木名中との対戦である。このチームとの対戦にかける思いで試合に臨む。結果は二対一で一勝、これに勢いを得る。

二回戦は佐賀県肥前チーム、これも先鋒（松本）中堅（永井）と文句なしの押し出しで勝ち、最後の大将は一二三キロの重量級の選手である。対するは六〇キロの戎田選手……この重量をものともせず押し出しで破った時は、館内がひときわ高い歓声に包まれる。

予選成績三勝八点で、上位得点五チーム（東京・愛媛・神奈川・山梨・滋賀）に入り、十六チームによる決勝トーナメントに進む。中国・四国・九州のチームで決勝に進出できたのは惣川と熊本県河内中の二チームだけであった。

続いて四十八選手による個人戦予選が行われ、いよいよ決勝トーナメントである。館内の熱気はいやが上にも高まり、支度部屋から入場する選手たちの緊迫した表情に感動を覚える。

対戦相手は北海道の北白石中、全選手百キロ以上の巨体である。一対二で惜敗し、一発勝負の厳しさを痛

全国大会出場　昭和61年８月（東京国技館）左から上野雄一君、戎田繁満君、永井健一君、河野先生、松本良二君（後の玉春日関）

感させられた。

　個人の予選で勝ち残った松本は、十六選手による決勝トーナメント一回戦で涙をのむ。……

　……両足の皮がむけ、失神寸前になるまでぶつかったあの練習、誰でもが出来ないような厳しさを乗り越えた体験は、選手たちの人生にとって大きな支えとなることだろう。全国大会に出場できたのも、地道な厳しい練習の積み上げと、それを支えていただいた先輩や後輩、そして地域の人たちのお陰であることを忘れてはならないと思う。そしていつの日か、後輩たちが全国優勝の栄冠をこの野村にもたらしてくれる事を期待している。……』

　河野一男先生には、「相撲部の生徒たちとかかわって」と題して次のように語ってもらいました。


「……相撲は国技といわれるが中学生にとって人気のあるスポーツではない。それなのに私が在職していたどの学校にも相撲部があり、部員も確保できた。どの地域にも宮相撲があり、子どもの頃から相撲を見て、経験をしたことがあったせいかもしれない。


　小規模校では体格・力ともに備えた選手を揃えることは困難であった。それを補うには毎日真剣に練習を積み重ねるしかない。私は出来る限り毎日部員と共に汗を流すように努め、立ち会いやぶつかり稽古は三年の部員を中心に胸を貸すことにしていた。こうして汗を流すことは爽快でもあり、雑念を吹き飛ばす私の日課の一つのようになっていた。相撲技の指導はもちろん大切だが相手より一歩早く前へ出るスピードをつけることが基本だと思ったからである。

　幸いにどの学校でも相撲経験者が胸を貸してくれ、私の指導の足りないところを補ってもらった。平均して小柄な選手が多かったが、試合では日ごろの練習の成果を生かして立ち合い鋭く、一気の攻めで活躍してくれた。選手たちの対戦ぶりを一般の応援者からほめてもらったものである。

　ぶつかり稽古は練習の中でも一番厳しく、ぶつかってもぶつかっても跳ね返されるうちに、泣きながらぶつかってくる部員もあった。それでも休むことなく毎日ぶつかってくる子どもたちに私は励まされる思いであった。退職まで後数年となった頃には、この子達に胸を貸せなくなるようだったら潔く教壇に立つことを辞めようと思ったりしたものだ。玉春日関との出会いは、ちょうどその頃であった。……」

河野先生に、玉春日関の出会いから最近のことまでを次のように話していただいた。

「……玉春日関（松本良二君）とは彼が昭和五十九年、惣川中学校入学以来の付き合いである。中学時代の三年間、授業と相撲部活動を通して彼の人柄に接することが出来た。

彼は親思いで温厚素直、忍耐強く、学習成績も良く、スポーツは水泳・陸上なんでもこなせる万能選手であった。相撲部活動でも練習に無駄がなく、努力を惜しまず、土俵に上がれば真剣そのもので一切手抜きをしなかった。中学・高校・大学とそれぞれ主将を務めたが当然のことと思われる。中学校時代すでに彼の力量を見込んでプロからの誘いがあった。彼ならプロの世界でも通用できると思ったものである。中学高校在学中は大相撲力士になることを目指していなかったが、大学での幕下付け出しの資格を得、ようやくプロ入りを決意したようである。その時その時に良い先輩や仲間にも恵まれたこともプロ入りの支えとなったことであろう。

入門と同時に郷土後援会も発足した。郷土の期待を背に受けるように、平成六年一月、幕下付け出し以来三年目の平成八年一月場所、前頭十六枚目に昇進するまでの十三場所連続勝ち越しが続いた。これは大学出身力士では初めての記録だそうである。その年には入幕早々の一月初場所に敢闘賞・新人賞さらに五月場所で技能賞を受賞する活躍ぶりであった。

その年の八月、私は八幡浜老人クラブ連合会の総会に招かれ、彼に関する講演を依頼された。内容は彼の中学時代を中心にしたものであった。

翌九年は春場所に敢闘賞、夏場所に殊勲賞を受賞し、続く名古屋場所には西関脇に昇進した。その後、頸（けい）骨をいためる不運にあい、成績も一進一退することになる。しかし持ち前の努力と根性を発揮、加えて節制にも努め、平成十五年初場所まで連続四十三場所の間、幕内を勤めた。

その後二度十両に落ちたが、いずれも十両は三場所で幕内復帰を果たしている。彼の真摯な土俵態度・相撲内容は相撲解説でも定評があったが、よく努力し十両に落ちても十両優勝、また平成十八年名古屋場所では幕内で技能賞を受賞している。平成二十年九月、三度目の十両、十四日目六勝八敗と負け越し、後一日を残して引退を表明した。西十両二枚目であった。最後まで努力し潔い引退であったと思う。

引退後の十月二十二日、郷里の惣川で「玉春日を囲む会」を開き、彼の長年の労をねぎらった。私は席上、長い間、県民に夢と希望、元気と勇気を与えてくれた感謝の念をこめて宴開始の乾杯の音頭をとった。平成二一年二月十四日『玉春日引退披露パーティ』・『特別栄誉賞（西予市）授賞式』が乙亥会館で開かれ、私は代表で花束を贈呈した。

平成二十一年五月三十日、『「玉春日引退・楯山襲名披露大相撲（断髪式）』が両国国技館で開かれた。西予市から市長・議員ほか二百五十名ほどが参加、加戸県知事、中村松山市長、伊予市長など総勢六千名ほどが参加、断髪では三百十四名がはさみを入れ、盛大な式典であった。同時に愛媛県からは愛媛県功労賞が贈ら

玉春日関の断髪式（右端河野先生・平成二十一年五月三十日）

れた。
私もこの断髪式に出席、彼の新しい門出を祝うことが出来た。……」

定年退職後のご活躍

河野一男先生は、平成三年三月、定年退職。今度は様々な分野で活躍されることとなる。

○児童厚生員として児童館勤務(十年間隔日勤務)その間、児童館母親クラブや児童館子ども祭り、人形劇グループを創設。人形劇は初め児童館だけの活動であったが、現在では西予市内各地の保育園・幼稚園・小学校などに招かれ活動、好評を得ている。

○相撲クラブの事務局長を務める
乙亥大相撲の運営、地域の相撲行事の参加・運営や後進の指導にあたる。

○環境保全活動の指導者
退職以来、一貫して取り組んでいるのが環境保全活動。自然観察指導員の資格を取り、市内にある環境グループの協力を得ながら、各公民館を拠点に小学生を主体に水生生物による河川の水質調査をしている。小中学校の総合学習で環境学習指導のほか『野村町環境にやさしい里づくり協議会』を立ち上げ指導を続けておられる。

平成二十一年五月二十一日付けの愛媛新聞には、河野一男先生たちの活動が次のように紹介されている。

ホタル幻想　初夏の山里　西予・野村

西予市野村町野村の農業公園ほわいとファームの人工河川で、ことしもホタルの乱舞が始まった。幻想的な光の舞が訪れた人を魅了している。

人工河川は、公園の芝生広場に二〇〇一年完成。地元の『環境にやさしい里づくり協議会』が、ホタルのすめる環境にしようと水辺の植栽やホタルの幼虫、カワニナ放流などを行い、二〇〇三年に初めてホタルを確認した。今では自然繁殖するようになっている。

ことしは十日ごろ二、三匹が飛び始め、光の帯は日ごとに増えている。例年六月十日ごろまで楽しめるが同協議会の河野一男会長(七八)は「乱舞は年々早まっており、一番の見ごろは今週末から月末ごろかも」と話している。二十四日は午後七時半から同公園でホタル観察会を開催。河野さんからこれまでの取り組みやホタルの生態を聞き、ホタルの舞を観賞する。

河野先生は、退職後、町内の様々な役職に付かれ活躍されてきた。

西予市交通安全協会野村支部長・東宇和郡社会教育委員長・野村中央公民館運営審議委員長・公害監視委員長・補導委員・野村小学校学校評価委員・愛媛県中山間ふるさと水と土指導委員・肱川上流漁業協同組合監事・玉春日郷土後援会監事など

河野一男先生は、永年にわたる河川浄化や野村町への貢献等の功績により日本河川協会と野村町から表彰を受けている。

また、これら以外にも河野先生は数々の感謝状、表彰状を受けている。

- 感謝状　野村町観光協会

○青少年の相撲指導・育成に尽力し、乙亥大相撲

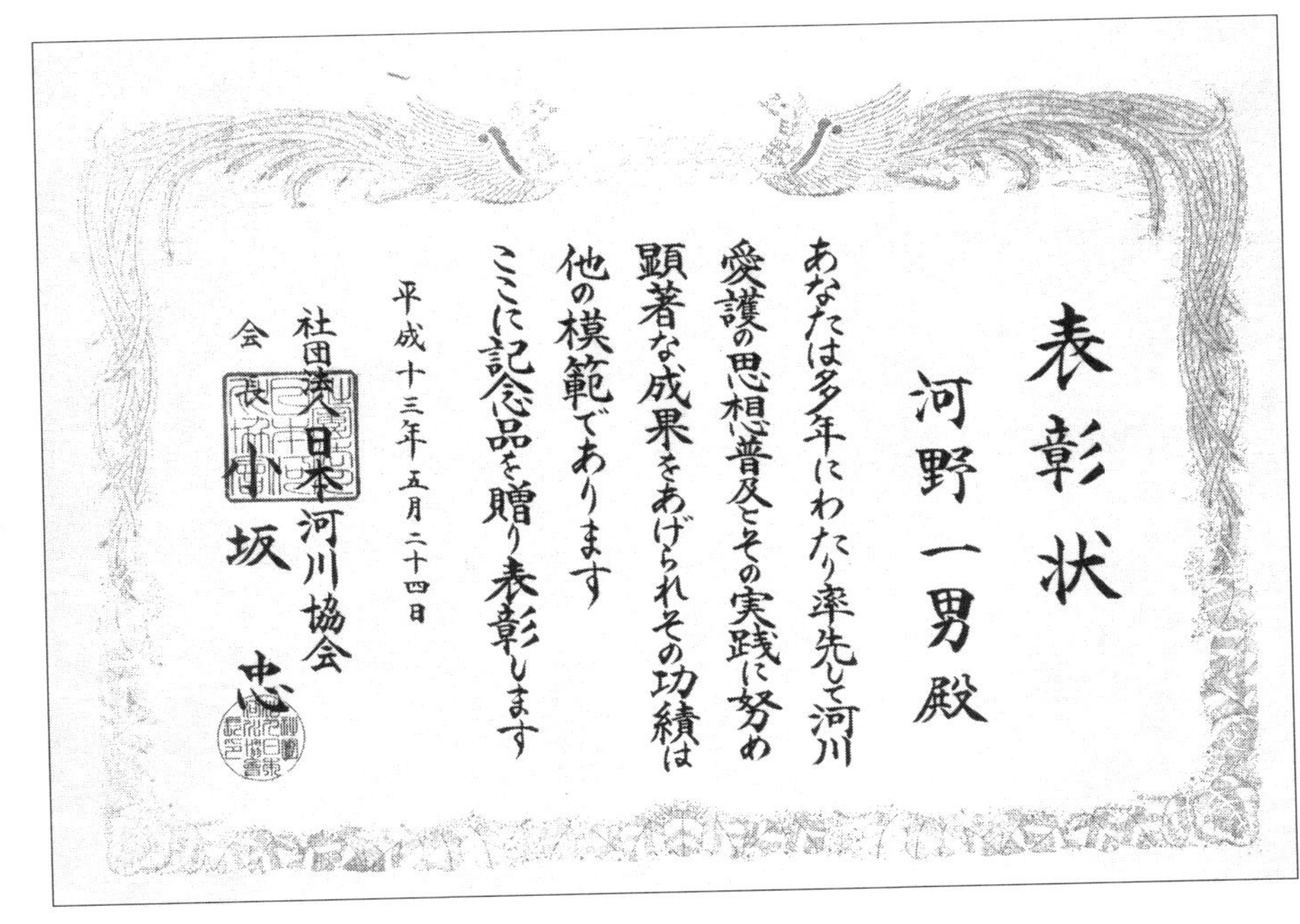

表彰状

河野一男殿

あなたは多年にわたり率先して河川愛護の思想普及とその実践に努め顕著な成果をあげられその功績は他の模範であります

ここに記念品を贈り表彰します

平成十三年五月二十四日

社団法人日本河川協会
会長　小坂　忠

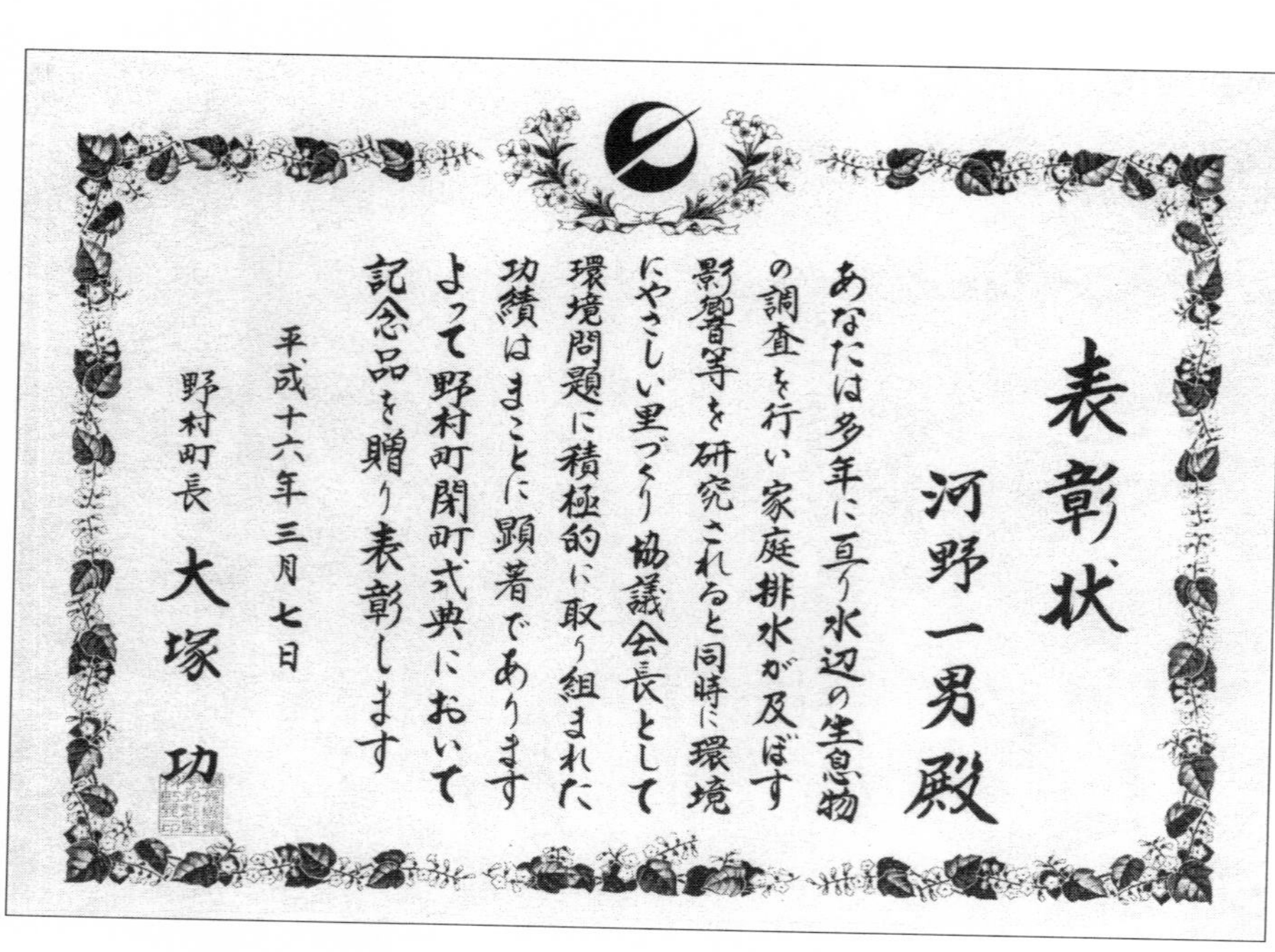

表彰状

河野一男殿

あなたは多年に亘り水辺の生息物の調査を行い家庭排水が及ぼす影響等を研究されると同時に環境にやさしい里づくり協議会長として環境問題に積極的に取り組まれた功績はまことに顕著であります
よって野村町閉町式典において記念品を贈り表彰します

平成十六年三月七日

野村町長 大塚 功

の振興に貢献した。（平成三年十一月二十七日）

- 表彰状　愛媛県児童館連絡協議会

○児童館活動の普及発展に尽力し、地域社会における児童の健全育成に努めた。（平成八年九月三日）

- 表彰状　野村町

○交通安全の推進に努め、交通事故防止に寄与した。（平成八年九月十一日）

- 表彰状　愛媛県コミュニティ推進協議会東宇和地方協議会

○資源愛護住民活動を積極的に推進し、コミュニティ作りに貢献した。（平成九年二月四日）

河野一男先生を称える

上甲　修

やっとお許しを得て

河野一男先生に電話で「これまで私は、七人の先輩の足跡を調べてきた。最後にあなたの足跡をまとめさせてほしい。」と言ったら「それはこらえて。」という返事でした。その後、再三お願いして「同窓会報には載せないが上梓したいので、その中には入れさせてほしい。」と頼んでようやくお許しがでた。

それで私は親戚筋の大野徹雄氏に「河野一男君の足跡をまとめようと計画している。よろしかったら協力してほしい。」と頼んだところ、二つ返事で承知してもらい大野氏をはじめ、大野氏の知り合いの方々からご協力いただいた。お蔭で河野先生の現職時代と退職後の実像がより鮮明になった。

河野一男先生が二十年以上も担当した中学校の部活動、相撲部の顧問は肉体的にも精神的にも最も抵抗の大きい厳しい部活動の一つで、学校によっては顧問の引き受けてのない学校もあると聞いている。

山本周五郎作「樅の木は残った」という小説の中に、ある中級の侍が上司の武士に、

「人間は信頼できるものでしょうか。」と聞く場面がある。聞かれた武士は、しばらく考えた後、

「人を信じることは難しい。しかし人が歩んできた道だけは信頼することができる。」というくだりがある。

人間は信頼できない、という意味あいが強いように思う。しかし、河野先生は後輩の方が語っておられるように教え子はもちろんのこと、保護者、地域の人、同僚の方たちすべてから信頼された教師であり、いつまでもその人達の心に残る先生であろう。

学生時代

彼と私は師範の同期で昭和二十七年、中一万の下宿(同室)で一年間一緒に暮らしたことがある。夕方ときおり二人で城山に登り、戦災から復興途上の大街道方面を見ていると、夕闇がせまるにつれて街灯がぽつりぽつりと灯っていった当時の情景が今も頭に残っている。あれから半世紀以上の時が流れ、大街道をはじめ松山の市街地は近代都市に生れ変わった。

後輩の方は、河野君の専門教科は理科と認識されているようだが、大学時代の主専攻は英語で、文理学部中村教授のフランス語のゼミも受けていた。なにしろ勉強家であった。語り口は、いつも南予弁でやわらかく、不愉快な言葉など聞いたことは一度もない。いわゆる紳士である。

私が小学生のころ河野君の叔父さんにあたる河野健一先生に一年間教えていただいた。若い校長先生だったが、スマートな先生で板書がとてもきれいだった記憶がある。

教員歴三十八年

昭和五十八年、惣川中学校に新卒教師として赴任された伊藤博文先生が相撲部の練習を見て

「当時の相撲部は、全国大会に出場するほど強かった。一男先生は部員達全員と胸を合わされ、そのぶつかりげいこは、すごいの一言でした。生徒達は負けて悔しいやらしんどいやらで、よく涙を流していました。一男先生は、力の弱い生徒にも温かい言葉をかけられ、誰からも好かれる先生でした。」と語っておられる。

中学校総体の郡市大会で優勝あるいは準優勝して県大会に出場するのは中々難しい。まして県大会で優勝するのは格段に難しい。だが河野先生が担当した相撲部は、毎年のように県大会に出場、団体戦で優勝五回、準優勝四回、三位一回、ベスト4三回、全国大会には通算七回出場という素晴らしい成績を残しておられる。

河野先生は教師になるべくして生まれた人だと思う。教員歴三十八年、その間の卓越した指導、常に自分にきびしく生徒ひとり一人には真心をもって接する責任感の強い学者肌の教師でした。教えを受けた生徒たちは玉春日関をはじめ本当に仕合わせだったと思う。

退職から今日まで

河野先生は、退職後十一年目の平成十四年四月、放送大学に入学。「自然の理解コース」を専攻、卒業論文は「肱川水系の底生生物—主として水生昆虫の分布と流域環境」を提出し平成十八年三月に卒業。現在は再入学して「人間と文化コース」を学習中という。

河野先生が定年退職された後の地元への貢献は、これまた素晴らしい一語に尽きる。それは受賞された感謝状・表彰状の文面からも充分に察せられる。定年退職後、個人の生き方は人それぞれであるけれど損得を考えない無償の奉仕ほど尊いものはない。

河野先生の半世紀を越える真実一路の生き方はまさに教育者の鑑（かがみ）であります。

教師生活あれこれ

新任教師の赴任今昔

明治二十三年四月、アメリカで新聞記者をしていた英国人ラフカディオ・ハーン（後の小泉八雲・三九歳の時）はアメリカから船で来日。横浜からは東海道線の汽車に乗り、姫路で下車。姫路からは人力車を乗り継いで中国山地を横断、島根県の県立松江中学校の英語教師として赴任した。

明治二十八年四月、夏目漱石は教師として愛媛県立尋常中学校（松山中学・松山東高の前身）に赴任した。その時の様子を彼はご存じ、小説「坊っちゃん」の中で次のように書いている。

「ぶう」といって汽船がとまると艀（はしけ）＊が岸を離れて漕ぎ寄せて来た。船頭は裸に赤ふんどしをしめている。野蛮なところだ。事務員に聞いてみると、おれは此処で降りるのだそうだ。見るところ小さな漁村だ。こんな所に我慢が出来るものかと思ったが仕方がない。威勢よく一番に飛び込んだ。続いて五、六人は乗ったろう。外に大きな箱を四つばかり積み込んで船頭は岸へ漕ぎもどして来た。

停車場はすぐ知れた。乗り込んでみるとマッチ箱のような汽車だ。ごろごろと五分ばかり動いたと思ったら、もう降りなければならない。道理で切符が安いと思った。それから車を雇って中学校へ来たら、もう放課後で誰もいない。宿直はちょっと用足しに出たと小使いが言った。ずいぶん気楽な宿直がいたものだ。

＊『艀』と言うのは、波止場と本船との間を往復して、貨物・旅客などを運ぶ小船。艀は大きな船が波止場に近づけないときに使っていた。現在は港が整備され、その必要性がほとんど無くなった。

ラフカディオ・ハーンと夏目漱石は、明治二十年代、東海道線で何十時間も汽車に乗り、任地に赴いたのです。任地が遠くても、この二人のように交通機関を利用して行ければ、まだいい方で当時、愛媛では陸上の交通機関はほとんど無かった。国鉄（ＪＲ）の予讃線が高松から延びてきて，松山駅ができたのが昭和二年だった。

松山市の通称「坊っちゃん列車」は、明治二十一年に小林信近*という実業家が小型の機関車と客車をドイツから輸入して、松山停車場（松山市駅）から三津まで開業、明治二十五年に線路が高浜まで延びた。その後、郡中線・森松線・横河原線ができ松山近郊の人は早くから交通機関の恩恵を受けた。

＊小林信近翁　旧松山藩士族　明治十年全国初の愛媛県会議が開催された時の議長　この時三十四歳。

現在は約一時間おきに特急列車が走り、車社会となって高速道路ができ、今では半日もあれば県内のたいていの所へ行くことができる便利な時代になった。

しかし、明治から大正・昭和の初期まで、新任教師が県内の地方の小学校に赴任するには、大変な苦労があったのです。その事例を二つばかり紹介します。

中村熊治郎先生

東宇和郡山田村（西予市宇和町山田）出身
明治十四年生まれ　昭和四十八年永眠（九十三歳）

中村翁は明治三十五年（一九〇二年）五月二十二日の日付で辞令を受け取り、窪野尋常小学校（西予市城川町、現在は土居小学校に統合）に准訓導として赴任することになった。その時の様子を中村翁は次のように語っておられる。

窪野といえば山田から東へ約四十キロ、土佐との境である。今なら二時間足らずで行くことのできる道である。野村の町までは一度行った事がある。それより東は全く知らざるところ。

朝早くワラジを履き、弁当を腰につけて家を出た。永長・卯之町・明間を通り野村の町まで来た。ここから向こうは、道を尋ねつつ行くので、なかなか進まない。峠を二つも越え、夕方ようやく土居*の町に着いた。

＊どろんこ祭りで有名。

朝、家を出てから昼食もせず、腹がぺこぺこになっているので、茶店に腰を掛け、弁当を出して頂く。

茶店のおばさんに、

「ここは家数が少ないが、立派な家のある町ですな。」

と言うと、茶店のおばさんは、

「初めて来られたのですか、何かご商売ですか。」

「ええ、来たのは初めてですが、窪野の学校へ今度来た者です。」

「あぁ先生ですか、どちらから。」

「山田から来ました。」

「それはご遠方から。私は山田のお薬師さんへお参りに行ったことがあります。山田は広くてよい所ですな。この町の家数は少ないですが、土佐と宇和島街道の宿場になっていて、商売上の取引が多く、店は金持ちが多いので家も自然と立派です。」

と言うおばさんの説明で不思議がとけた。


礼を言って立ち上がった時は，まわりが薄暗くなっていた。道は土佐街道となって今まで通った道よりは良くなった。家は点々とあるが学校はなかなか見えない。ようやく学校に着いたとき、校長先生の家では、夕食を終えられたところであった。

中村翁がワラジで歩いた道程

山田（自宅）↓永長↓卯之町↓明間↓出合↓野村↓桜ケ峠↓田穂↓下相↓峠越え↓土居↓窪野（学校）

（全長約四十キロ）

兵頭（旧姓松本）広子先生

兵頭女史は昭和十五年（一九四〇年）、愛媛女子師範学校二部を卒業。赴任先は東宇和郡高山村（西予市明浜町）の田の浜小学校でした。赴任のときの様子を以前、直接お伺いしました。

「私の生家は、宇和町（西予市）の永長です。師範を卒業する前、母は私のために布団を縫い、生活用品（炊事道具等）を準備してくれたのです。

赴任する日の朝は早く起き、布団や道具類をリヤカーに積んで、父がリヤカーを引き私が車の後押しをしました。永長から石城村の郷内という集落を通って山を登り、三瓶トンネル（旧）を抜け、長い坂をくだり、三瓶の町の港に着きました。宇和の自宅から三瓶までは約十五キロ、五時間くらいはかかった様に思います。三瓶の港からは海岸まわりの船に乗り、それから一時間半くらいで田の浜に着きました。六十年以上も前のことですが、歳月の流れは夢のようです。」

（追記）

中村翁の赴任のところで、峠を二つ越えて行った、というくだりがある。現在、この二つの峠にはトンネルが出来て便利になっている。兵頭女史が赴任した田の浜小学校へは、生家近くの野田という集落から山越えの道路ができたので、今は車に乗って一時間ほどで行ける。

三カ年のモスクワ生活

モスクワ日本人学校と小和田一家の思い出

成田空港からモスクワへ十時間、モスクワ郊外にあるシェレメチボ空港に私が降り立ったのは昭和五十八年四月十一日の夕方でした。モスクワ市内にある日本人学校へ派遣教師として同僚ら六人と共に。夫婦同伴は私を含めて三組、子どもさんを連れての家族同伴は二組、そして独身の女性教師が一人でした。

当時モスクワの人口は約八百万人、モスクワ在住の日本人は約八百人、その中で日本人学校に通う子女は約百五十人前後（小学一年から中学三年まで）、どの学年も十人から二十人ほどの少人数のクラスでした。

学校の場所はモスクワの中心クレムリンから約十キロ南、レニンスキー通りの白樺林に囲まれた静かな住宅地の中にありました。校舎は五階建てで三階と四階を日本人学校が、他の階をアメリカとスウェーデンの学校が使用、運動場・体育館は共同利用でした。

モスクワには、全世界の国々から多くの人が集まってきます。当時モスクワ駐在の邦人企業などの数は大使館・各報道機関を含めて五十一社ありました。

学校職員の構成

日本からの派遣教師十三名、現地採用の講師四名、（英会話講師一名、ロシア語講師三名）警備員二名、スクールバスの運転士五名、通訳事務一名、用務員二名、学校保全係一名、事務員一名（邦人）で総勢二十九名でした。

カリキュラム

国内の学校と大体同じですが、モスクワの日本人学校では現地理解と外国語教育を重視している関係で、小学部の児童には週二時間のロシア語（一学年毎に初級・中級・上級の三段階に分け三人の講師で指導）、中学部の生徒は、各学年とも英語の授業以外に週二時間の英会話の授業があるのです。

児童生徒の父親たちは一般にロシア語が堪能なのと、各家庭にはロシア人のメイドを雇っている関係で、子ども達にはロシア語を学ぶ環境は整っているのです。

ロシア語が達者な生徒の中には日本人学校を卒業した後、モスクワ市内の現地の高校に進学した子もいるのです。その生徒は女の子でしたが、高校では男子と一緒に軍事教育の訓練を受けるので、女性といえども銃を担いで走らなければならないから、それが大変だと言っていました。なお中学部を卒業した生徒の多くは、日本へ帰って高校に進むのですが、英語の達者な子は東京のアメリカンスクールに進む子もいました。

修学旅行

小学部は五年生と六年生、中学部は全学年で、同じ日に国内の別々の場所に向かって夕方発の列車で出かけるのです。往きと帰りは寝台列車で、ホテルで二泊しますから実質三日間の見学旅行となります。

モスクワに長く滞在する子どもの中には、小学五年の時から五年間、毎年修学旅行に行ったという生徒もいました。

小和田公使との出会い

私がモスクワに赴任したとき皇太子妃、雅子様のお父様、小和田恆氏が日本大使館の公使（特命全権公使）兼モスクワ日本人学校の運営委員長として活躍されていました。運営委員長の役目というのは、日本の私立学校の理事長の職に相当するかと思います。要するに学校運営の責任者なのです。モスクワ日本人学校は日本大使館の付属施設として昭和四十二年に開校、初め数年間は公使の方が校長を兼務されていました。

海外の日本人学校は、日本国内でいう私立学校と公立学校の両方の性格を持っているのです。日本から派遣された教師は、在勤地手当てと宿舎及び校舎の借用料は文部省から支払ってくれるのですが、それ以外のスクールバスの購入費とか現地採用の職員の給料などは全部保護者負担ですから月々月謝を学校運営委員会に納めなければならないのです。

小和田委員長は年に一度、保護者会で学校運営上の問題点や会計の収支についてこと細かく報告されていました。

スクールバス（ベンツ）の購入にしても一台数百万

円からするのですから保護者の負担は大変です。それで小和田委員長は保護者会で

「近い将来、皆さんの負担を出来るだけ軽くしたい。そのためには運営基金をつくり、それを財源にしたい。商社の方々の協力でモスクワにパビリオン（日本製品の展示館）を建設する予定になっていたが、パビリオンの建設は駄目になったので集めた建設資金はお返ししなければならない。その建設資金にはかなり利息が付いているので、その利息は日本人学校に寄付していただくよう努力したい。」と言われました。

翌年、小和田公使は外務省にお帰りになり、間もなくモスクワの大使館に連絡が入ったのです。運営基金の額がなんと約一億円、それを北欧の国立銀行に預けると年一〇パーセント以上の利息で預かるというのです。

この運営基金の利息のお陰でたいへん助かった思い出があります。

小和田公使は昭和五十九年三月、海外子女教育の月刊誌にモスクワ日本人学校の発足時の状況、意義、そして方向性について次のように述べておられます。

一層の期待に応えて

運営委員長　**小和田　恆**

「モスクワ日本人学校が、教師一名・子女十六名でアパートの一室を借りた寺子屋として発足したのは、今から十六年前、昭和四十二年十月のことでした。それが今日では教師十三名・児童生徒百五十名という、本格的な日本人学校に成長しました。開校当時を知る者にとっては、まことに隔世の感があります。

このような発展に対応して、学校及び学校運営委員会に期待されるところも、一層大きくなっております。特に、モスクワという特殊な生活環境の中で、日本人学校は、モスクワ日本人社会にとって不可欠な共有財産となっている、と言っても過言ではありません。

当地に進出している企業・報道・大使館などにとって安心して子女の教育を任せられる日本人学校の存在は、在留邦人の方々が家族一体となって後顧の憂いなしに仕事に専心できるための基礎となっています。

あらゆる事が国家統制の下にある国では、学校の設立はもとより、教育資材の備え付け、バザーの開催に

いたるまで、すべてソ連政府機関との折衝が必要となります。一年の半分が冬、しかも厳寒期には零下三十度を下回る日が続くという自然環境の中で、スクールバスの運行問題をはじめ特別に配慮を必要とする　問題も少なくありません。それだけに学校運営委員会は、学校当局・保護者会代表とも緊密に協議しながら、学校運営の具体的な細部にまで気を配る必要がありますが、幸いモスクワ日本人社会全体の支持と協力の下に、学校運営も漸く軌道に乗ってきたように思います。

今後の長期的問題として最も重要なのは、校舎取得も許されない当国の事情の中で、いかにして学校の基盤を固め、校舎の長期安定的な確保と学校施設の整備充実を図っていくかという課題です。

減速経済、減量経営の日本の現状でこの課題に取り組んでいくのは決して容易なことではありませんが、関係の方々の理解と支援を得て、何とかその具体化を図りたいと考えています。

日ソ関係の将来を展望する時、日本人学校が果たす役割は、今後益々大きくなると考えられます。特にモスクワで学ぶ日本人児童が、ソ連社会との直接の接触を通して、日本の良さ、ソ連の良さを正しく理解し、国際社会の中での日本についての深い理解を身に付けていくことが望まれます。モスクワ日本人学校が、この問題意識を持ちつつ、更に飛躍を遂げるよう期待したいと思います。」

☆（一九九一年末のソ連邦崩壊までは、ソ連は社会主義市場経済で、すべてが国家統制という体制の中に置かれていたのです）

小和田公使の幾つかのお話の中で、私の頭に強く残っているのは、「外交は戦争と同じ、ただ違うのはタマ（弾丸）が飛ばないだけ。」この言葉からも外交というものが如何に厳しいものか、伺い知れるのです。

小和田公使は国際法の権威で若いころ福田総理の首相秘書官を、後に国連大使、現在はオランダのハーグにある国際司法裁判所の判事で、平成二十一年二月からは所長を勤めておられる。

小和田夫人からのお手紙

私がモスクワに赴任した頃、小和田ご夫妻は大使館の敷地内にある公使邸にお住まいでした。ご主人が学校の運営委員長でしたから、月に一回は運営委員会が公使邸で開かれ、私もそれに参加していました。

小和田邸の玄関の中には雅子様の双子の妹、節子さんと礼子さんの小さな写真がいつも飾ってありました。節子さんと礼子さんは昭和五十四年、お父様がハーバード大学の客員教授としてアメリカへ行かれましたので中学一年から三年の一学期まではボストンの公立の学校で学ばれ、中学三年の二学期からモスクワの日本人学校で、昭和五十七年三月に卒業されております。

節子さんは中学校の卒業文集に「生活と人の心」と題して次のように書いておられる。

「インドシナ難民のような貧しい人の苦しみを本当に理解するのは困難なことだ。自分が経験したことのない事はなかなか分かりにくい。しかし、それは不可能なことではない。私は世界中の人々が助け合っていける世の中になることを願わずにはいられない。いつの日か私達が大人になり、そんな世界を築いていけることを。」

礼子さんは「ボストンでの学校生活」という題で「一年目の年、日本語でも分からないようなエッセイを読まされたり毎日、本を二、三時間読まされたりして、私にはついていくのがやっとだった。しかし、最後の三、四カ月は楽しい充実した学校生活を過ごすことができた。アメリカでのつらかった二年間の学校生活、アメリカを離れて始めて、外国で生活することが、どんなに貴重かがよくわかった。」と書いておられる。

昭和五十九年の春、小和田ご夫妻は東京へお帰りになり、私は昭和六十一年の三月末、松山へ帰って来たのです。翌昭和六十二年一月、小和田夫人、優美子様からお手紙をもらって、そのとき初めて優美子様が少女時代の一時期を松山で過ごされた事を知ったのです。その手紙の一部をご紹介します。

「……東京も今夜は今冬三度目の雪がしんしんと降り積もっております。モスクワの美しい雪景色も日々遠い記憶の彼方に去っていってしまいますこの頃ですが、それでも転ばぬようにふんばって歩いたモスクワの街が急に懐かしく思い出されます。

小和田公使御夫妻（新郎新婦の両側、２列目左端に筆者）

松山はこちらに比べお暖かなことと存じます。私は戦争末期、松山に疎開していた時期がございます。東雲小学校の二年生にちょっとの間通い、道後温泉へ行ったり、梅津寺の海岸でよく遊んだ事を覚えています。松山の空襲も次第に激しくなり終戦直前、鎌倉へ命カラガラ逃げ帰りました。今は松山もすっかり近代都市に生まれ変わっていることと存じます。

主人は正月二日アメリカへ出発、ハーバード大にて集中講義を致しております。……」

優美子様が松山のどこに住んでおられたかはこの文面からは分かりませんが、昭和二十年ごろ優美子様の伯父様にあたる山屋太郎氏が松山海軍航空隊の司令官として松山に来られ、御宝町に住んでおられた、といいますから優美子様はそこから東雲小学校へ通われたと思います。

モスクワの四季

モスクワは気候帯でいうと亜寒帯に入り、年間の平均気温は五・三度だそうです。日本人の感覚からすると一年の半分が冬というモスクワでも、一年を四つの季節に分けています。

モスクワの春

三、四、五月が春、春のことをロシア語ではヴェスナーといいます。三月ともなると夜明けが早くなり、晴天の日も多く大地の雪や氷が融け始めるのです。

ロシアの人達は、光（太陽）や水が春を運んで来る、と言います。でも三月の平均気温はマイナス五度、四月の平均は三度ですから寒さは続いているのです。

五月になると気温もだいぶ上がり、それまで殺風景だったモスクワ市内の風景が一変します。

植物が一斉に芽を出し始め、中旬下旬ともなると黄色のタンポポの花が野原一面に咲き、まさに百花繚乱といったところです。長かった寒い冬から開放されたロシアの人たちに笑顔が戻ってきます。

モスクワの夏

六、七、八月が夏、ロシア語で夏はレーターといいます。夏になると平均気温が十五度前後、最高気温の平均が二十三度前後で大気は乾燥していますから、とても過ごしやすく、天気の良い日は半袖シャツで通勤する人が多くなります。

夏になると昼間がとても長く、朝は三時には明るくなり、夜は十時過ぎないと暗くならないのです。

サマータイム

現在、日本にはサマータイムという制度はありませんが、ロシアを含む欧米諸国の多くはこの制度を取り入れています。

サマータイムというのは、昼間の時間が長い季節に時計を一時間だけ早めて、それに合わせて社会が動くのです。従って勤務時間が一時間早く終わります。仕事が終わった後、出来るだけ外に出て日光を浴びましょう、というのがそのねらいだそうです。

緯度の高い所に住んでいる国の人達は、太陽の光がとても貴重なのです。もし我々の人体に日光が不足すると様々な病気の原因になるといいますから、サマータイムは理にかなっているのです。サマータイムの期間は四月から約半年間続きます。

北極星は頭の上

私が赴任した一九八三年の夏、星座を見てみよう、と思い外に出たのです。北斗七星が中々見つからないので、どうしたのかな、と考えていると、ここはモスクワだ、と気がつき、ずっと上の方を見ると、なんと北極星は頭の真上に近いのです。

日本では北に向いて北斗七星を見つければ、すぐに北極星が分かります。でもモスクワでは手で何かにつかまってから頭の上にある北極星を見つけるのです。

モスクワの秋

九、十、十一月が秋、ロシア語でオーセニといいます。九月の中旬ともなると、森の落葉樹の葉が黄色に変わり、森全体が黄金色になるのでモスクワでは黄金の秋と言っています。しかし気温の低下が早いので樹木が黄金色に輝くのは、一週間位で終わるのです。

十月に入ると雪が時々降るようになり、十一月中旬までは降った雪が融けたり、凍ったりの繰り返しです。

十一月の下旬になると降った雪が融けなくなり、いわゆる根雪になって、翌年の二月末ごろまでその状態が続くのです。

モスクワの冬

十二、一、二月が冬、ロシア語でジマーといいます。各月の平均気温はマイナス十度前後です。十二月ともなると昼間の時間が極端に短くなり、夜が明けるのは九時過ぎ、午後四時にはもう暗くなっています。

冬になると晴れた日はほとんどなく、毎日がどんよりとした空で、雪がチラチラと降るのです。

モスクワの大気は年中乾燥していて、特に冬は異常乾燥の状態です。それで降る雪も軽く車の上に積もった雪は湿り気が全然無いので、少し風が吹けば綿のように飛んでいくのです。それで雪を手で丸めることも出来ないし、雪合戦も出来ません。

大雪になると広い通りは直ぐに除雪車が雪をのけてくれますから、車は運転できます。しかし地面は鏡の面のように凍ってツルツルになっていますから、スピードを出すと非常に危険です。

滑り止めに砂と塩を混ぜたものを時々、作業車が道にまいてはいますが、あまり効き目はないようです。

私は赤信号でブレーキを踏んだら車がスリップして丁度反対方向に向いた経験があります。幸い広い道路で他に車がいなかったので助かりました。

車はドーマ（共同住宅）の駐車場に置きますが、夜の冷え込みが激しく、朝になると車のフロントガラスの表面に厚い氷が張り付き、それを毎朝出勤前に取り除くのに十分くらいかかりました．防寒具はもちろん身につけているのですが、帽子を被っていても耳を外気にさらしていると寒さを通り越してすぐに耳が痛くなります。その時の気温は零下十五度から二十度くらいです。ロシアの人達は寒さに強く、摂氏零度くらいの気温であればチプロー（暖かい）と言うのです。零下二十度くらいでも若いロシア人のお母さんは、赤ちゃんを乳母車に乗せて雪道の中を歩いているのをよく見かけましたし、お年寄りの人も散歩していました。これらは運動と寒さ対策を兼ねているのです。

モスクワでは零下三十度以下になれば外出はしないように、と聞いていました。私がモスクワにいた三年の間には零下三十度近くになったことはありましたが、それ以下になったことはありませんでした。もしそんなに寒いところをずっと歩いたらどうなるのか、体験された方のお話です。

その方はモスクワの日本大使館におられたFさんです。Fさんは一九八〇年ごろ、モンゴルの日本大使館に勤務されていました。ウランバートルはモスクワよりも一段と寒く当時、交通事情も悪かったそうです。

ある冬の寒い日、Fさんは急用でウランバートルの某大使館へ歩いて出かけたのです。防寒具を着用して片道三十分、用事を終え日本大使館へまた歩いて帰ってきたのです。そしてその報告をするため大使の部屋に入り、大使の前に立ったのです。ところが顔がこわばって口が全然動かなかった、といいます。

大使に「すぐお風呂に入って、身体をゆっくり温めなさい。」と言われ、風呂に入り、しばらくしてようやく口が動き出した、と言われました。

冬の暖房

モスクワから松山に帰ったとき、多くの人から「モスクワは寒かったでしょう。」と言われました。確かに外の気温は、けた違いに低いのですが、しかしドーマ（共同住宅）にいる限りとても温かいのです。

モスクワ市内には、一戸建ての住宅は無く、当時はたいてい十階から十数階建ての建物で、全館暖房になっています。暖房が入るのは、毎年九月下旬から四月末ごろまで。部屋の温度は常に二十三度前後ありましたから室内では薄着ですみ、夜は毛布一枚でいいのです。

暖房の熱源はモスクワ市内にある大きなお湯工場から送られてくる熱いお湯なのです。この巨大なお湯工場はモスクワ市内に数箇所あります。

熱いお湯は地下深く直径一メートルほどの大きなパイプで各ドーマの近くまで送られ、そこから小さなパイプがドーマの各部屋に配管されています。

住宅の風呂場と台所には、年中いつでも熱いお湯がでます。冬の台所の水は冷たく摂氏二度くらいですから大変助かります。寒い冬、私たちは家の中は天国、外は地獄と言っていました。

日本人学校の古い日誌を見ていると冬、熱源のお湯がストップして暖房が切れ、三日ほど休校にした、という記録がありました。

シベリアの気温

シベリアの中ほどに琵琶湖の四十七倍の広さのバイカル湖という大きな湖があります。その近くにイルクーツクという人口約六十万の工業都市があります。

ここの年間の平均気温はモスクワより五度ほど低く〇・六度、そして北極海に近いディクソンという所の年間の平均気温はマイナス十二度、勿論ここはツンドラ地帯ですが、このツンドラというのは「木のない土地」という意味だそうです。

シベリアの東部にオイミャコンという人口八百人ほどの村があります。ここは人が定住する所では最も寒い場所の一つで、一九二六年の一月二十六日にマイナス七一・二度を記録しました。

寒いモスクワでも一九八〇年代からは、暖冬が続いている、と聞きました。地球の温暖化はモスクワも例外ではないのです。

異文化との出合い

ロシアについて

ロシアは広大な土地と厳しいながらも豊かな自然、

そして世界でも屈指の天然資源に恵まれた国である。ロシアは百以上の民族からなる多民族国家で、シベリアの極東地域には、現在トナカイの飼育で生計を立てる民族や狩猟で生活をする少数民族がいる。

ロシアの国土は東ヨーロッパ平原からシベリア、極東まで、およそ千七百七万平方キロ、世界の陸地の八分の一、日本の四十五倍の面積を持つ大国。国土の半分は亜寒帯林（タイガという）が占めている。人口は一億四千五百万人、人口の多くは都市部に集中して都市人口の割合は七三％という。

二十数年前、私がモスクワに赴任した頃はソ連（ソビエト連邦）と言っていた時代で、報道や言論に自由はなく、一党独裁の社会主義体制で、街中には広告などの展示板は無くネオンサインも無かった。買い物に行っても日本のスーパーとは違い、品数が少なく、買いたいと思う品物がなく、いわゆる「もの不足」の時代だった。

このもの不足のモスクワについて、ある生徒のお父さん（商社マン）が私に「モスクワの生活レベルは、これでも世界全体から見れば中の上くらいで、まだましな方です。」と言われた。そのお父さんの言われた言葉はその時、ピンとこなかったのですが後日、ある雑誌を読んでいると、広い世界には想像を絶する不便な生活をしている人が、とても多いことを知った。

世界の貧困状況

今世界の人口を百人としたら
○電気が使えない人・・・・・・・・・・・・三十二人
○テレビがない人・・・・・・・・・・・・・七十六人
○安全な飲み水がない人・・・・・・・・・・二十二人
○まともな住居がない人・・・・・・・・・・十七人
○読み書きができない人・・・・・・・・・・十五人
○保険医療が受けられない人・・・・・・・・十三人
○四十歳まで生きられない人・・・・・・・・十三人
（国連開発計画の資料　二〇〇二年）

日本と世界の状況

（世界開発報告二〇〇二年）
○平均寿命　日　本・・・・・八十一歳
　　　　　　ジンバブエ・・・三十九歳
○乳児死亡率（千人当たり）日　本・・・・・・三人

○医師数（千人当たり）ネパール・・・・・六十二人
日　本・・・・・一・九人
○非識字率　インドネシア・・〇・二人
日　本・・・・ゼロに近い
イラン・・・・・・二三％
○難民・・・・・・・・・・・・・・・約二千万人
○一日一ドル以下で生活する人・・・・約十二億人

世界の子どもたちの生存と発達に関する課題等

（ユニセフ　二〇〇九年）

○学校に通えない子どもが現在一億百万人いる。
○毎年八百八十万人の子ども達が五歳の誕生日を迎えられない。
○二十五億人が衛生的なトイレを利用できない。
○毎年五十万人以上の女性が妊娠や出産で死亡。
○開発途上地域では一億四千八百万人の五歳未満児が低体重（栄養不良）。
○五歳から十四歳の子ども一億五千万人が、児童労働に従事させられている。
○五千百万人の子どもたちが、出生児の登録がされてない。
○千八百万人の子ども達が故郷の家を追われ、避難生活を強いられている。
○毎年百二十万人の子ども達が、人身売買の被害にあっている。

ロシア語について

ロシア語のアルファベットは全部で三十三文字あります。活字体と筆記体、そして大文字と小文字。

三十三文字の大文字の活字体のうちで英語と同じ形のものが十ほどある。しかし発音は全然違うのです。例えばAは英語ではエイと発音しますがロシア語ではアー、Kはカー、Pはエル、Cはエスと発音します。

日本語をロシア語で何というのか、カタカナで書いてみます。

中には、日本語と同じ発音があります。

ラジオ（ラーヂオ）　レストラン（レスタラーン）本（クニーガ）　アルファベット（アルファヴィート）公園（パールク）　劇場（チァートル）　いわし（イワシ）生け花（イケバナ）　気にしない（ニチボウ）　おばあ

さん（バーブシカ）　部屋（コームナタ）有難う（スパシーバ）　さようなら（ダスビダーニヤ）

ロシア人の名前

ロシア人はお互いを愛称で呼び合い、愛称の前後には何も付けないのです。

•男の愛称　サーシャ、ワロージャ、トーリャ
　　　　　　スラバー、アリョウシャ、ユーラ
•女の愛称　ナターシャ、ターニア、ジェーニア
　　　　　　ガーリア、レーナ、ローザ等々

ロシアのお金

ロシアではルーブルという単位とコペイカという単位を使う。最小単位は一コペイカで百コペイカが一ルーブル。一九八〇年代は一ルーブルが日本円で三百円でしたから一コペイカは三円になります。

当時、モスクワの地下鉄に乗ると距離が短くても長くても五コペイカで乗れたと思いますから日本円に直すと十五円位になります。一ルーブル以上のお金は紙幣で、コペイカはコインでした。そのコインは五種類程あり、どれも大きさがほとんど同じで、しかも小さくて区別するのが難しかったのを思い出します。

当時、ロシアの物価は安かったのですが、人の給料も安かったのです。日本人学校で働くロシア人の月給は高い人でも二百ルーブル足らずで、日本円に直すと六万円くらいでした。

ソ連崩壊（一九九一年）後、経済の混乱（インフレ）でルーブルの価値は一九八〇年代に比して大幅に下がり、今世紀になって一ルーブルの価値は日本円で四円前後になっています。

ロシア人の気質

モスクワ日本人学校で働いていたロシア人は男女合わせて十五人ほどいました。一般的に次のような気質を持っていました。

○おおらかでくよくよしない。
○あっけらかんとして、ほがらかである。
○歌や踊りが得意で、人なつっこい。
○親切で子ども達には相手かまわず注意する。
○カップルはお互い腕を組んでゆっくり歩く。

ロシア人の平均寿命

ロシア人の平均寿命は現在、男性が五十九歳、女性が七十二歳で世界の先進国の中ではロシア人の平均寿命は最も短いのです。一方、日本の男性の平均寿命は現在七十九歳ですからロシアの男性は日本の男性より二十年も早く亡くなる。日本人の平均寿命は右肩上がりで延びていますが、ロシアのそれは横ばいの状態なのです。

なぜこんな大きな差があるのか、それは医療技術の差もさることながら食事の違いも大きいと思います。

ロシア料理はソーセージの類、肉料理、ボルシチ（スープの一種）、パンといったところが主なメニューです。しかし、多くのものは塩辛いのです。中にはジャガイモに味付けした日本人好みの料理もありますが、それは一部で大抵のものは塩からいのです。

私がモスクワにいたとき、ロシア人と何度か宴会を共にしました。彼らはいつも塩分の多い料理に手を付けるのです。ナターシャという女性が私にロシア語を教えてくれましたが、そのナターシャにある日、家内が作ったお寿司（ばらずし）を出して一緒に食べた時の事です。

彼女はスプーンでお寿司をすくって一口食べると、とても怪訝そうな顔をして、やおらソースの入った瓶を取り、お寿司の上にソースを一杯ふりかけて食べ始めたのです。これには大変びっくりしました。このようにロシア人は日本人と違って濃い味付けをした料理を好むようです。

もう一つはロシアの男性はアルコール分の強い蒸留酒（ウオッカ）をよく飲みます。それでアルコール依存症の人が多く、寿命を短くしています。

ロシア国内にはアルコール依存症専用の病院があちこちにあるそうですが、どこもベッドが満席で、新しく病院を建設しなければならない、とある新聞が報じていました。

ロシアの産業技術（一九八〇年代）

ロシアは、ロケットを打ち上げる技術は世界でもトップクラスと言われていた。しかし、国産の乗用車とか家電製品や生活用品等の質は極めて良くない。

一九八三年私は、ロシア製のラーダという車をモスクワ市内の店で購入。この車は東欧諸国へ輸出する車でロシア製としては良い方だと聞いていた。しかし、一緒に買った同僚達は何度も修理工場へ車を持って行ったのです。このようにロシア製の車は信頼性がないので、モスクワに駐在している日本人商社マンの人たちは、みな外車か日本車に乗っていました。

モスクワの街中、あるいは郊外を少し走ると、故障で動けなくなった車を見ることは珍しいことではなく、中にはエンジンルームから煙が出ているのを何度か見かけました。　私の車のバッテリーは、日本の普通車のバッテリーの二倍位の大きさでしたが、これは隣国のフィンランド製でした。ということは、ロシアでは性能のよいバッテリーが出来ないという事です。

当時、電気店で売っているテレビの大半は、まだ白黒で解像力が悪いというか、はっきりした画面ではありませんでした。

一九八〇年代の日ソ貿易

モスクワ日本人学校の保護者会では、時々講師を招いて研修会を開いていた。講師と言ってもたいてい児童生徒の父親か大使館の方です。

これは一九八四年の夏、「日本とソ連の貿易」と題して話された商社マンの方の講演のあらすじです。

- 日本の主な輸入品（ソ連から）
  木材・綿花・重油・貴金属・ニッケル・アルミ・石炭・魚など
- 日本からの主な輸出品（ソ連へ）
  鉄鋼製品（直径一メートルほど長さ数十メートル）のパイプを年間百万本（シベリアからヨーロッパへ石油や天然ガスを送るために敷設するパイプ）・鋼板・建設機械や運搬手段の機械等・化学用品・繊維製品・テレビ・カメラ・カセット

ソ連政府は、シベリアで生産された石油や天然ガスをヨーロッパに送るため、石油パイプラインに使う大きな鋼鉄のパイプを年間百万本も日本から輸入している。ソ連にも大きな製鉄所はあるけれど、日本のような優れた鋼鉄製品を造る技術はまだない。また自動車部品のエンジン・電装類はもちろん、鋼板ですら国際レベルのものを作ることができない。ソ連は技術レベルの点でも後進国です。ソ連は原料輸出、製品輸入という後進国型貿易構造。またソ連は軍事大国であり資源大国ではあるが、経済的には小国である。

現在のモスクワ

モスクワの人口は現在、一千四十万人。ソ連邦崩壊（一九九一年）後、ロシアになってからは計画経済から自由経済に変わりモスクワの夜は光輝く街になった。人々の暮らしや意識も大きく変化し、経済的には中間層の人々が多くなってきた。

市内には二十四時間営業のスーパーが次々に出来て、欧米や日本・中国からの商品が並び、かつての物不足の面影はない。モスクワの中心部は大規模開発で数百メートルの高層ビルが次々と建設されている。

ロシアの石油・天然ガスの生産額は世界一となり、輸出の拡大と、それらの価格が高騰した関係でロシア経済は好調、経済大国への道を歩んでいる。しかし、二〇〇八年の金融危機で石油価格が最高値のときの三分の一くらいになり、ロシア経済も冷え込み国家財政も苦しい状況におかれている。

モスクワの街角と森のリス

トイレに扉がない

モスクワの空港や外国人の泊まるホテルのトイレには扉は付いています。しかし、モスクワの市内や郊外にある公園、プール、美術館、学校等のトイレには、扉がないのです。トイレとトイレの間には壁がありますす。でも扉がないので前からトイレを見ると、トイレが丸見えになります。それで初めてロシアを訪れた日本女性には大きな抵抗があるようです。

ヘッドランプは点けないで

モスクワ市内の道路を夜、車で走るときヘッドランプを点灯することは、禁じられています。理由は街灯が一定の間隔で設置され、道は明るいからです。ただしスモールランプは点けて走ります。

一方、北欧のヘルシンキ、ストックホルムへ行きますと年中、昼も夜も車は全部、ヘッドランプを点けて走っています。理由は、人々が防寒具を身につけると、車の音が聞きづらいので光で車が近づいた事を察知する為だそうです。

森でリスと遊ぶ

モスクワの広い大地には山はなく、平原地帯のあちこちに大きな森があります。森の樹木は、白樺（しらかば）というよく木がほとんどで、モスクワの人たちは季節に関係なくよく森へ遊びに行きます。

森へ行くとリスが出てくる、と聞いていたので、秋の終わりころクルミを持って森へ行きました。森の中でクルミを叩くと、どこからともなく、小さなリスが現れ、私の方には来ないでクルミを持っている連れ合いの足元まで来ました。リスは、やおら彼女の肩の上にあがり、クルミの入っている袋をじっと見ているのです。彼女がクルミの入った袋を両手で広げると、リスは肩から手のところまで下り袋の中を覗いた後、クルミを一つくわえ地面に降りたのです。そしてそれを近くの落ち葉の下に隠しました。その動作は袋の中のクルミが無くなるまで繰り返したのです。

冬になって一面が雪に覆われたらリスは隠した場所を覚えているのだろうか、と私はふと思いました。

ある生徒の父親が私に言いました。

「外国人は、一般に小動物をとても大切にする。しかし、日本はその点ではとても遅れている。」と。

街路で体重測定

私がモスクワに赴任した夏頃だったと思います。モスクワの街を歩いていると、人だまりがあり近づいてみると、若い女性が次々と秤（体重計）に乗っては体重を計っているのです。その秤のそばには白衣を着た秤の持ち主が座っていて、ひとり一人に体重の数値を言って、お金を三コペイカ（九円）ほど受け取っていました。秤は「台ばかり」という計器でした。

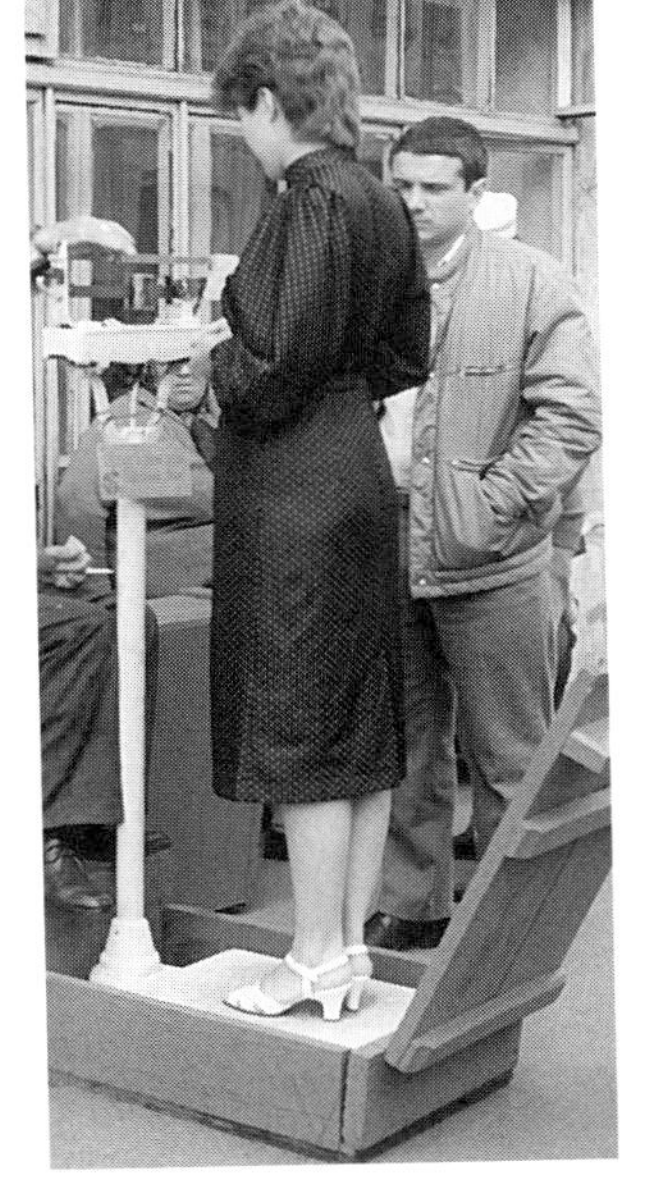

国際結婚の実情（一方が外国人）

最近、国際結婚が破綻（はたん）した後で、日本人の離婚した女性がカナダ・アメリカ・イギリス・フランス等の居住国から子どもを不法に連れ去ったとされるトラブルが相次ぎ国際問題になっている。

　二〇〇七年の人口動態統計によると我が国の婚姻件数の五・六パーセントにあたる四万二百七十二件が国際結婚だという。二〇〇八年の国際結婚は三万六千九六九件、ということは百組の結婚のうち五組から六組は国際結婚と言うことになる。

　この国際結婚の件数は、一九八二年に比べて五倍以上に増えている。その反面、国際結婚の破綻に伴う離婚も増加し、二〇〇八年には一万八千七百七十四件となっている。実に国際結婚した件数の半数近くが結婚に失敗したと言える。ここで問題になるのは、子どもが出来てその子どもを外地から離婚した母親が一緒に日本に連れて帰った場合、わが子といえども誘拐罪になるという事である。だから自分の子どもであっても勝手に外地から連れて帰ることは犯罪になるという。実際にはそのような事実が余りに多く外国から抗議を受けるので、日本政府は頭を悩ませている。

○○○○

国際結婚の現実がこのままでは暗いイメージで終わりますので、次にフィンランド在住で国際結婚の新井（あらい）淑子（よしこ）さんの明るいエッセイをご紹介したいと思います。

バイオリニストの新井淑子さんは、昭和二十四年生まれ。十九歳のとき、留学先のフランスでフィンランド人のチェリスト、セッポ・キマネンさんと出会い結婚。以後三人の子どもを育てながら、首都ヘルシンキを拠点に夫妻で世界各地で演奏活動を続けています。

白夜の国　フィンランドに暮らして（要約）

新井　淑子

女性が生き生きと働き続けられる国

私がフィンランドに暮らし始めて三十八年。その間、夫と演奏活動を続けながら子育ても経験しました。今では孫もいます。

今から三十九年前、私が夫の祖父に初めて紹介されたときのことです。彼は、私が日本人であることを大変に喜び、家族の一員として大歓迎してくれました。いわく、「僕が二十歳のとき、フィンランドをいじめたロシアを日本という小さな国がやっつけてくれたからなあ」と。日露戦争（明治三七―三八年）で日本がロシアを負かしたことに感激している祖父の姿に、「対日感情はよし」と、先ずはほっとしたものです。

さて、私が長男を身ごもった時、夫に
「私、演奏活動をやめて専業主婦になるわ。」
と言いました。ところが夫は
「とんでもない。君も働いてくれないと困るよ。」
というものでした。

フィンランドでは、女性が家庭のために職を辞する事は先ずありません。母親の八〇パーセントがフルタイムで働き、専業主婦はごく少数です。税制や社会保障制度が個人単位で成り立っており、世帯単位の日本のような配偶者控除制度がありません。また、年齢を問わず全ての人たちが平等に、しかもほとんど無料で教育を受けられるのです。子育てをしながら大学の修士や博士号を取得する母親も珍しくありません。つまり、性別にかかわらず、国として人的資源を最大限に活用しようとしているのです。

一方の男性たちも、生活面での自立ができています。結婚当初の私は、夫が起きる前に朝食の用意をしたり、夫が着るものを前日から用意したりしていました。

でも、フィンランドでは、そうした夫婦関係はまず見られないので、私もどんどんフィンランド化していきました。ちなみに、フィンランドはヨーロッパで最初に女性が普通選挙権を獲得し、世界で初めて女性が議会選挙に立候補できるようになった国です。現在、国会議員の四二パーセント、閣僚二十人のうち十二人が女性で、二〇〇〇年には、タルヤ・ハロネンさんがフィンランド史上初の女性大統領に就任しています。

国を挙げての子育て支援

三十六年前、私は初めて子どもをフィンランドで出産しました。出産まであと一カ月というある日、我が家に大きなダンボール箱が届きました。差出人は政府です。重さ八キロもあるその箱の中には、赤ちゃんが生れると直ぐに必要なものがぎっしり詰まっていました。

肌着・寝巻き・夏用と冬用の帽子・外出時の防寒具・寝袋・靴下・布と紙のオムツ・爪きり・ベビーオイル・育児の手引き・絵本・母親用のナプキン、それに避妊具。敷布団のマット、掛け毛布も入っています。母親パック、と呼ばれるこのセット、母乳さえあれば、数カ月間は何も買わずに済みそうなほど充実しています。しかも、どの品も素敵なデザイン。〝子育てが楽しみ！〟とワクワクした気持ちは、今も忘れられません。

フィンランドでは、親の所得に関係なく、全ての子どもに児童手当が支給されます。私の口座にも、月々一定の金額が政府から振り込まれていました。

出産当時、音楽学校に勤めていた私は、合計して約一年の産前産後休暇と育児休暇を取りました。その間、所得の三分の二が保証され、育児休暇は両親のどちらが取得してもよいことになっています。

この国は、「子どもは国の宝」という国家的認識のもとに、様々な制度が整備されているのです。子どもを産みやすく、育てやすい制度があるからこそ、両親が心に余裕を持って子育てができるのです。

『学力世界一』の秘密

経済協力開発機構（ＯＥＣＤ）が二〇〇〇年から三年ごとに実施している国際的な学習到達度調査があります。ＯＥＣＤ加盟諸国の十五歳を対象としたこの学力調査で、フィンランドは常に上位を維持してきました（科学一位・読解力二位・数学二位＝二〇〇六年）。一方、日本の順位は低下傾向にあり（科学六位・読解力十五位・数学十位＝同年）、『フィンランドに学べ』と、日本の教育関係者がフィンランド詣でをしていると聞きます。

この国の教育は、知識の量を求めるのではなく、知識をいかに活用・応用するかを大事にします。自ら問題を見つけ出し、解決する力を『学力』ととらえているので、一人ひとりが学習目標に到達できたかが重視され、成績を数値化して子どもたちを競争させる事はありません。小学校三年までは数値化された評価は全くなく、四年生以上でもそうした評価が示されるのは全教科の半分ほどと聞いています。

長男と長女が小学校に通っていた頃は、まだこのような制度にはなっていませんでした。子どもの心は繊細ですから『競争させられている』という心理的な圧迫はやはり感じていたようです。しかし現在の教育制度のもと、少なくとも小学生の時期は、子どもたちが自分と友達を比べて劣等感を抱くことは少なく、自発的に勉強する喜びを感じているようです。また、親が子どもの成績に一喜一憂する事もありません。

更に驚くのは、授業時間数がヨーロッパで最も少なく、宿題もほとんどないことです。ただし、必要に応じて学校で補習を受けられます。

生活面や健康面でのサポート体制も整備されています。家庭との連携が重視され、教師は積極的に保護者と連絡を取り合いますし、心身両面で専門家の指導を受けられるようにもなっています。フィンランドの子どもたちに学力格差が目立たないのは、この教育制度によるところ大と言っていいでしょう。

家庭での親子関係はどうでしょうか。フィンランドの親たちは『子どもは一人の人間として尊重されるべき』『親の所有物ではない』という認識をはっきりと持って子どもに接します。私は日本人から「お子さんはやっぱり音楽家にさせるの?」と聞かれることがよくありましたが、フィンランド人からは、「どんな子になるか楽しみね」と言われることが常でした。

また、フィンランド人は人前でも自分の子どもを大いにほめます。身内のことは謙遜するもの、という感覚を持つ日本人には「親ばか」と映るかもしれません。ただ、どちらがいいということではなく、大人が考える以上に繊細な子どもの心を大切にし、ほめることで育てようという空気を、私はフィンランド社会全体に感じるのです。

フィンランド人にとって、夏のバカンスも自然と触れ合う大切な季節です。長い冬にそなえ、この二カ月ほどの間に太陽からビタミンDを体いっぱいにもらうのです。湖で泳ぎ、森でブルーベリーやきのこなどを採って食べ、自然に溶け込んだ生活を送るのです。学校の夏休みは二カ月半とたっぷりありますし、もちろん宿題はありません。

寒い冬、そして宿題のない夏休みがあるためか、フィンランド人は子どもの頃から読書が大好きです。図書館の数が多く、図書館利用率は世界一、学習到達度調査で読解力が世界のトップクラスなのは、こんなところにも理由があるのかもしれません。

高齢者の可能性を『育てる』国

今年八十九歳になった夫の母も読書が好きです。四年前に義父が亡くなってからは一人暮らし。老化により視力はほとんど失われ、聴覚の衰えを補聴器で補っています。半年前に転んで右肩を痛め、以後一日三回のヘルパーの訪問サービスを受けながら、家の中では歩行補助車を使って元気に暮らしています。

先日、電話で近況を尋ねたところ、

「いたって元気よ。友達と毎日買物に行っているし、読みたい本はいつでも手に入るから、読書三昧(さんまい)で幸せよ。」

と言ってくれたので、ほっとしているところです。義母は、目の不自由な人たち専用の図書館を利用しています。この図書館は政府の援助で運営されており、『耳から聞く本』を電話一本で借りることができるのです。人口密度の低い地方では、移動図書館サービスが定着しています。人口の少ないフィンランドでは、本一点あたりの発行部数が少なく価格が高いため、本は図書館で借りて読むのが一般的なのです。

義母の例からも分かるとおり、フィンランドの福祉政策には、物やサービスを『与える』のではなく、その人が可能な限り、長く人間らしい生活を続けられるよう、残っている機能や人間としての可能性を最後まで『育てる』という考え方に立っているのです。

冒頭にご紹介した夫の祖父の生前の暮らしぶりを見てもそうでした。彼も連れ合いに先立たれ、一人暮らしをしていたのですが、体力の衰えが目立つ彼を、親族は誰一人、引き取ろうとしませんでした。私たちは、

たまたま近くに住んでいたので、

「私たちが引き取ってお世話しましょうか。」

と、申し出たのですが、

「ヨシコの気持ちはあり難いがその必要はないよ。」

と、親戚全員からやんわりと断られました。

そのとき私は「フィンランド人て、冷たいんだな。」と思ったのですが、そうではなかったのです。

フィンランドの人たちは、福祉制度を高度に発達させることで『個人の尊厳』を大切にしてきたのです。私はそのことを、四十年近いフィンランド生活で学んできたように思います。

フィンランドの国民が負担している消費税は、二二パーセントにもなります。それでもフィンランドの人々は、それだけの負担に見合った恩恵を受けていると実感していることは確かです。

自然を大切にし、個人の可能性を重視する国。私は今、この国で人生を過ごす事になった運命に感謝しています。来年は、日本とフィンランドの国交樹立九十年です。この節目の年に、両国が手を携えてよりよい世界の実現に貢献できる関係を築けるよう、フィンランドに暮らす一人の日本人として願っています。

☆（ラジオ深夜便＝月刊誌　二〇〇八年十二月号より）

（追記）


新井淑子さんは、コラムに〝フィンランドの知られざる苦難の歴史〟を次のように書いています。

「フィンランドは、国境を接する東西の大国に翻弄（ほんろう）された苦難の歴史がありました。十一世紀以降、約五百年間はスウェーデンの植民地、十九世紀初頭には、そのスウェーデンからロシア帝国に割譲（かつじょう）された、という屈辱の時代があったのです。……」

○○○○

一九八三年の夏、私（上甲）は当時住んでいたモスクワから買物にフィンランドの首都ヘルシンキへ行きました。デパートに入ると、品物がいっぱい並んで、全く日本のお店と変わらないので一瞬、私は日本へ帰ったのでは、と思いました。次に驚いたことを少し書いてみます。

日本ではダイヤル式電話がほとんどの時にフィンランドでは、既にどの電話もプッシュ式になっていました。フィンランドの情報技術は、日本のそれより一歩も二歩も進んでいるようです。現に自動販売機などは、コインなど使わなくても携帯電話で中の品物が出てくるのです。

新井淑子さんのエッセイによると、フィンランドでは国全体として読書環境がたいへん整っている。しかも、どの子どもたちも小さい時から読書好きである。そして学力格差が少ないと、語っておられる。

今年（平成二十二年）は「国民読書年」。松山市では、二月に「第四回子ども読書活動推進ネットワーク交流研究集会」が開かれた、と聞いている。大変結構な事で、読書こそはあらゆる学習の第一歩であり、子どもたちの持つファカルティ（知的能力等）を大きくする要因でもあります。小さい時からの読書量の差が、つまるところ学力の差に比例することを考えると、幼いころの読み聞かせから始まる読書習慣を身に付けることは、たいへん大切であります。

福祉社会の先進国、また教育面でも優れた実績を持つフィンランド、私たちはこの国から学ぶべき点がたくさんあるようです。

欠席届

山田　瑤子（横浜市）

　授業中に入り口の重い板戸がそろっそろっと開いた。目をやると、一人の農婦が廊下に座り、両手をついてお辞儀をしている。怪訝に思ってそばに寄ると顔を上げて、

「先生様、お早うございます。今日はうちの息子が感冒をひいたもんで、お休みさしてもらいますで……」と、丁寧な口調で言う。総ちゃんのお母さんだった。私は立ったままではと思い、敷居をはさんで教室の床に座り、手をついて頭を下げながら言った。

「どうぞ、お大事にしてください。」と。

「よろしくおたのもします。」

そう言って再び深々と頭を下げ、板戸をそろそろと閉め、足音をしのばせて立ち去って行った。

昭和二十四年の春、師範学校を卒業した私は、木曽須原宿の小さな小学校に単身赴任した。一年生の受け持ちであった。松本市内の実家から遠く離れ、それまで一度も訪れたことのない木曽路の山村に赴き、自炊して教師の仕事に携わるという初体験ずくめの日々であった。

　名刹常勝寺のご隠居部屋を借りて住み、朝晩の勤行を仄聞するのも初めてならば、七輪に粗朶をくべて炭火を起こし、ご飯を炊いて一人で食べるのも、揺れる吊り橋を渡るのも、五右衛門風呂のもらい湯も、すべて初めての経験だった。

　そして毎朝、山門の下で、「せんせ、せんせっ」と呼ぶ声が次第に大きくなり、私を待っている子どもたちと団子のようになって登校したことや、「きれいね、いい匂い！」と言ったら翌朝は教室のバケツが山百合の花でいっぱいになったことなど、初めて経験したあれこれは、ほのぼのとした温もりを伴って語り草の種になっている。

　それらの中で、この日出会った総ちゃんのお母さんのことは、特別な印象をもって心に焼き付いていて、私から離れたことがない。今も、その光景はありあり

と思い浮かぶ。

一階の教室からは校庭が一望できる。私は、明るい陽射しを受け、手ぬぐいで髪を覆った野良着姿の総ちゃんのお母さんが足早に去って行くのが見えた。

小柄な後ろ姿には、感冒で伏せっているわが子をひとり家に置き、それを気遣いながら手が抜けない畑仕事を前にして、学校に寄り欠席届をしていく母親の心境が炙り出されてでもいたのだろうか。それを察知できるほどの雅量は備わっていなかった私だったと思う。けれども、私はその姿に引き寄せられ、見えなくなるまで見つめていた。

今なら電話一本、いやメール一通で済ますであろう欠席届である。当時は電話がある家が少なかったから、近所の子に伝言を頼むくらいのことでもよかったのである。でも、総ちゃんのお母さんは、それをしなかった。

新卒で教師としての専門的な知識は浅く、経験も極めて乏しい一介の若輩だった私に、総ちゃんのお母さんが示された礼儀の手厚さに、私は自分の立場の重要さを教えられたのである。廊下に座し、先生に様をつけて呼ばれ、深々と頭を下げられた礼の真意に気づかせられたと言ったらよいであろうか。

その行為は、私個人への儀礼ではなく、教育職を専門とする者に対する信頼と敬意の心の表れであったと、爾来、年を重ねるうちに納得がゆき、自らを諭し戒める縁としてきた。

長い在職中には、背筋が凍るような事や、苦しく辛い後悔に苛まれるような事にもしばしば出くわしてきた。そのつど、懊悩の淵から這い上がり、定年退職するまで続けてこられた背景の一つに、この総ちゃんのお母さんが示してくれた『礼の心』のこもった姿があった。そして今もある。

（ラジオ深夜便＝月刊誌　二〇一〇年三月号より）

七十年の回想

なぜ高校へ行かねばならないの？

昭和五十一年、当時私が勤務していた中学校の参観日に親子座談会が開かれた。講師は、青少年問題を研究されている松山放送局の白鳥（しらとり）アナウンサー。基調講演の後、講師の司会で三年生と保護者との座談会が始まった。その座談会のひとこまを御紹介します。

男子中学生

「僕の親は高校へ行け、と言うのですが、なぜ高校へ行かねばならないのですか。」

この予期せぬ発言に会場は一瞬「えっ」という言葉を発し皆びっくりした表情になる。

保護者（ある父親）の発言

「それはぜい沢というものです。三十年ほど前になるが、私が中学生のころ、進学する人は今よりずっと少なかった。それで上の学校へ行きたい人は、親に学校へ行かせてほしい、と言って親の許しを得て進学した。進学したくても進学できない私の友達は、昼間は働いて夜間の定時制高校へ行って勉強した。あなたは昼間の高校へ行けるのだから親に感謝しなければならない。」

白鳥アナウンサー

「中学生の皆さんは、みんな新聞が読めますね。新聞の読めない人はいない。しかし、今から百年ほど前、すなわち明治の中ごろ新聞が読める人は少なかった。それから百年、日本は世界でも有数の教育国家となり、経済的にも豊かな国になりました。

人間は勉強すればするほど成長します。ですから、高校でしっかり勉強して将来に備えてほしいのです。

さっきお父さんの言われたことと、私の言ったことで分かりましたか。よろしいですか。」

男子中学生

「わかりました。有難うございました。」

ラジオとテレビ

ラジオは便利なものというより、私にとっては生活必需品である。なぜなら毎日ラジオを聞かない日はない。退職後は、朝早く目が覚めるようになり、「ラジオ深夜便こころの時代」を聞くようになった。様々な内容の放送、番組の質の高さにはつくづく感心する。

私とラジオの関わりは昭和二十年代、松山での下宿生活から始まる。最初は鉱石ラジオをつくってイヤホンで聞いていた。一年ほどして真空管を使ったラジオの部品を買い、五球スーパーラジオを組み立てた。

あれから半世紀以上の時が流れ、今ではいろいろなタイプのラジカセが店頭に並んでいる。中には名刺ほどの超小型ラジオがある。

テレビはラジオと同様、私には大切なものである。それはテレビを見ない日は先ずないからである。

現在私が興味を持っている番組は、ニュース・ニュース解説・クローズアップ現代・NHKスペシャル・視点論点・時論公論・心の旅・新日本紀行ふたたび・きょうの健康など、そして高校講座では世界地理・日本史・世界史・地学・家庭総合である。この高校講座は、毎年繰り返し見ている。これらの番組は、録画してまとめて見る。

私が小学校一年の七月に支那事変（対中国との戦争、一九三七年）が始まり、小学校五年の十二月に太平洋戦争が起きた。戦争中の小学校は、戦時体制で毎日の時間割の中に全校行進の訓練が一時間ほどあった。

戦死された方の出迎えや村葬への参列。私の生まれが南予の山村であったので農繁期には学校がいつも休みになり家の手伝いをした。春の麦刈り、田植え、蚕の桑摘み、稲刈りなど。従って授業時間数が少なく、教科書によっては半分ほどしか習ってないのが幾つもあった。毎日の風呂たきは私の日課になっていた。

上の学校に進んでからは勤労奉仕に借り出され勉強どころではなかった。戦後は食糧不足でいつも空腹の状態での勉強。今は勉強する気さえあればいくらでも出来る恵まれた時代になった。生涯学習センターでの数ある講座、またメディアを利用した学習がある。

明治の頃、我が国がいわゆる発展途上であった時代、欧米の先進諸国から多くの機関車や艦船などを輸入。造船・製鉄などの新しい産業技術も導入して近代化を図った。以来百年余、日本製の電化製品や工業製品の品質は世界でも常にトップクラス。最先端の造船技術で造られた大型客船やタンカーを各国に輸出、日本の車は世界のいたる所で見られ、また日本の新型電車が最近ではイギリス国内でも走っている。まさに今昔の感ですが、この素晴らしい発展は、明治・大正・昭和の時代に生きた先人達の汗の結晶でもあります。

あとがき

貴重な記録を残していただいた大先輩の皆様と小学校の百周年記念誌、そして様々な出版物に寄稿された方々に、先ずは深く感謝申し上げます。もしこれらの貴重な資料がなければ『愛媛教育と先人の足跡』を上梓する運びには至りませんでした。この先人たちの多くは、既に浄土に旅立っておられます。心から御冥福をお祈り申し上げます。またその御家族の皆様には資料の提供など御協力いただきました。厚くお礼申し上げます。

先人の足跡として御紹介しております八木茂先生と渡部昇先生につきましては稲荷善一（いなりよしかず）先生（元松山教育事務所長）からもいろいろとお話しを伺いました。深く御礼申し上げます。稲荷先生には、愛媛における生徒指導の草分け期でしたが、私どもは幾度となく先生のご講話などを拝聴、それを教育実践に生かすことが出来たことを思い起します。

稲荷先生と渡部昇先生は松山中学へは同時に入学された間柄ですが、私に教師の海外派遣について最初に勧めていただいたのは渡部昇先生でした。しかし、その時は内科検診で駄目になり、それから四年後、今度は稲荷先生からお声を掛けていただき、モスクワ日本人学校へ行くことになった思い出があります。

また、かつての同僚、藤田利計氏、橋本矩之氏と野首恒明氏からも資料等を提供していただきました。有難うございました。

世界の国の中には、数々の紛争で多くの子ども達が学校教育を受けられないまま、大人になることを考えますと我が国の場合、平和であることは本当にあり難いと言わざるを得ません。

最後になりますが、グループ誌「とおく」の編集者、森幸子様には原稿・校正の段階でいろいろとご指導いただき、お手数をおかけしました。心から厚くお礼申し上げます。

なお出版にあたりましては、愛媛新聞サービスセンターの重信淳也氏に校正その他たいへんお世話になりました。有難うございました。

上甲　修

思い出アルバム

サンクトペテルブルグへの修学旅行

モスクワ日本人学校玄関での子供たち

スクールバスの運転手(上)とロシア語講師

モスクワ日本人学校

6月に行われたモスクワ日本人学校の運動会

モスクワ日本人学校の職員スタッフ

モスクワ日本人学校の学習発表会

モスクワ日本人学校のキャンプ

親善試合（対ドイツ）

20番学校の生徒とカチューシャを歌う

アイスホッケー練習

モスクワプールで水泳

保護者バザー

モスクワ日本人会運動会

モスクワサーカス

お湯工場

森でスキーの練習

モスクワの春（タンポポ）

森でリスと遊ぶ

参考文献等

○九十年の回顧　中村熊治郎著
○風雪を越えて　森岡數榮著
○球心機動　高須賀義男著
○母校百年史　佐礼谷小学校
○同窓会報　愛媛大学教育学部
○発掘　えひめ人　愛媛新聞社
○往環道を辿って　佐礼谷公民館
○現代教育史事典　東京書籍
○神和三島誌　神和かたりべの会
○昭和前期初等教育の実相とその考察　野口学著
○市町村合併　佐々木信夫著
○愛媛県の歴史　田中歳雄著
○愛媛県史（教育）
○高校講座（世界地理）
○世界大百科事典　平凡社
○愛媛新聞　昭和六十二年版
○愛媛県生涯学習センター講座
○まつやま人・彩時期　松山市文化協会
○ＮＨＫ視点論点・ラジオ深夜便（月刊誌）

著者略歴

上甲　修

昭和５年	東宇和郡渓筋村（西予市野村町）生まれ
昭和24年３月	愛媛師範学校中退（学制改革）
昭和26年３月	愛媛大学教育学部二年課程修了
昭和26年４月	渓筋中学校赴任、一年間勤務
昭和27年４月	愛媛大学教育学部三年に編入
昭和29年３月	愛媛大学教育学部四年課程卒業
	東宇和郡（西予市）の中学校
	県教育研究所
	温泉郡（東温市）内の中学校等に勤務
昭和58年４月	派遣教師としてモスクワ日本人学校に赴任
	三年間勤務（教頭職）
平成３年３月	定年退職

住所　松山市恵原町甲653－2

愛媛教育と先人の足跡

平成22年7月23日　初版第1刷発行
令和3年4月26日　改訂版第1刷発行

著　者　上甲　修
〒791－1134
松山市恵原町653－1
電話　089－963－0884

発行販売　愛媛新聞サービスセンター
〒790－0067
松山市大手町1－11－1
電話　089－935－2347

印刷製本　アマノ印刷

ISBN978-4-86087-152-9